周易

插图珍藏版·全译本

若水古社 译

广陵书社
江苏·扬州

图书在版编目（ＣＩＰ）数据

周易 / 若水古社译. -- 扬州：广陵书社，2022.7
ISBN 978-7-5554-1769-9

Ⅰ．①周… Ⅱ．①若… Ⅲ.①《周易》－译文 Ⅳ.①B221.2

中国版本图书馆CIP数据核字(2022)第051303号

书　　名	周　易
译　　者	若水古社
责任编辑	方慧君

出版发行	广陵书社
	扬州市四望亭路2-4号　　邮编　225001
	（0514）85228081（总编办）　85228088（发行部）
	http://www.yzglpub.com　　E-mail:yzglss@163.com
印刷装订	北京盛通印刷股份有限公司
开　　本	880毫米×1230毫米　1/32
印　　张	12
插　　页	32
字　　数	210千字
版　　次	2022年7月第1版
印　　次	2022年7月第1次印刷
标准书号	ISBN 978-7-5554-1769-9
定　　价	88.00元

立天之道曰阴与阳

立地之道曰柔与刚

立人之道曰仁与义

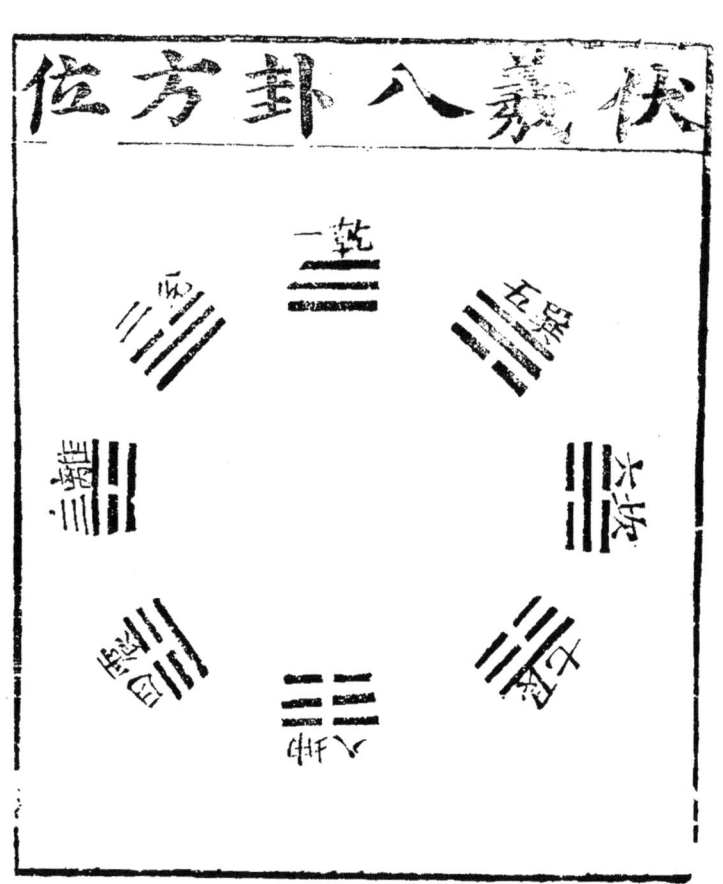

伏羲八卦方位图
美国哈佛燕京图书馆藏《易经集注》首卷《周易朱子图说》

文王八卦方位图
美国哈佛燕京图书馆藏《易经集注》首卷《周易朱子图说》

前　言

　　《周易》也称为《易经》，是我国一部古老而深邃的传统经典，是华夏五千年智慧与文化的结晶，是儒、墨、道等诸子百家思想的总源头，历来被誉为"群经之首"和"大道之源"。

　　从本质上讲，《周易》是一本中国古人对未来事态的发展进行预测的书。它上测天，下测地，中测人事。在中国古代，凡是有所作为的帝王、政治家、军事家、商贾等，无不把《周易》视为必读之书。因此，几千年来，《周易》一直以其特有的魅力，吸引着人们在各个领域对其进行研究和应用，并形成了庞大的易学研究体系。

　　《周易》一书由《经》和《传》两部分构成。其中，《经》的部分是我国古代先哲通过对自然现象和社会现象进行长期观察，在"近取诸身，远取诸物"的情况下"始作"的"八卦",从中部分反映出了宇宙万事万物的现象和发展变化的规律,以及中华民族"天人合一"的思想。《传》则是对《经》进行解说,据说是出自孔子及其门人之手。《易传》共七种十篇,分别是《彖传》上下篇、《象传》上下篇、《文言传》、《系辞传》上下篇、《说卦传》、《序卦传》和《杂卦传》。自汉代起,它们又被称为"十翼"。为了方便读者更加快速深入地理解《经》,本书将《传》中统括卦象意义的《彖传》和解说卦象、爻象的《象传》,置于《经》中相应的卦辞与爻辞之下。

《周易》历经几千年的沧桑,已经成为中华文化的深深根脉,并早已和中华民族的灵魂融为一体,对道家、儒家、中医、文字、数术、民俗文化等都产生了重要影响。今天,我们提倡和谐文化、与时俱进等传统理念,就是源于《周易》所强调的与时偕行的变易思想。

当然,要想读懂《周易》,首先要弄懂下面的几个问题,把这几个问题解决了,才算初步走进《周易》的大门!

第一个问题是"阴阳"。《易传·系辞》中说:"一阴一阳之谓道。"对于《周易》,古人有"简易""变易"和"不易"之说。那么,什么是"简易"呢?就是很简单的意思,说穿了，整部《周易》就是阴阳的变化而已，没有我们想象的那么复杂。而"变易"就是变化的意思，什么变化？还是阴阳的变化。"不易"是不变之意，所谓"万变不离其宗"，你再怎么变，仍然离不开阴阳。我们不妨来看一下阴阳、卦、爻的演变过程，这个过程是这样的：由阴阳组合而产生了八卦，由八卦两两相叠又产生了八八六十四卦；六十四卦中，每卦有六个爻，于是又产生了三百八十四爻。而这三百八十四爻就是整个宇宙的密码，也是天地间的奥妙所在。所以，要学《周易》，首先要弄懂阴阳这个问题。

第二个问题是"爻"。在《周易》中，爻是组成卦的基本单位，而爻又分为阳爻（符号为"—"）和阴爻（符号为"--"）。其中阳爻用九，阴爻用六。在一个卦中，六爻从下往上数，分别为初爻、二爻、三爻、四爻、五爻和上爻。如果初爻是阳爻，就叫初九；二爻是阳爻，就叫九二。相反，如果初爻是阴爻，就叫初六；二爻是阴爻，则叫六二。以此类推。

第三个问题是"卦"。卦由爻组成，三个阳爻组成"乾"卦，三个阴爻组成"坤"卦，然后再由阳爻和阴爻按一定的规律分别组合成"震、艮、离、坎、兑、巽"六个卦，一共是八个卦。这八个卦分别代表大自然中的八大自然物象：乾代表天、坤代表地、震代表雷、艮代表山、离代表火、坎代表水、兑代表泽、巽代表风。然后，八卦又两两组合，进而产生了八八六十四卦。

六十四卦的排列顺序，则象征着事物发展的规律和过程，而且每一卦都有着极深的含义。以前两卦（《乾》卦和《坤》卦）为例，这两卦除了象征天和地，也象征了世界初始时纯阳和纯阴的状态和性质。接着阴阳相荡，化生万物，接下来的第三卦（《屯》卦），便开始描述了万物初生时的混沌状态……到第六十三卦为《既济》卦，这一卦代表着成功与和谐，似乎世界从此可以静止了。然而，紧接着的第六十四卦，却是《未济》卦，这也是《周易》最令人叹服的地方，它不管人们的主观愿望怎么想，却永远只告诉你最客观的东西，这也恰如《序卦传》所说的那样："物不可穷也，故受之以《未济》终焉。"这句话实际上是在告诉我们：结束即开始！

此外，与六十四卦的排列顺序一样，每卦中六爻的顺序也反映出了事物的发展规律，所不同的是六爻所显示出的是细节的变化。

前　言

　　《周易》又分为《上经》和《下经》，其中《上经》从《乾》卦到《离》卦，共三十卦；《下经》从《咸》卦到《未济》卦，共三十四卦。而对于初学者来说，要想记住这六十四卦，有一定的难度，但只要将下面的这首"上下经卦名次序歌"背下来，也就记得这六十四卦的卦名了。

　　　　乾坤屯蒙需讼师，比小畜兮履泰否。
　　　　同人大有谦豫随，蛊临观兮噬嗑贲。
　　　　剥复无妄大畜颐，大过坎离三十备。
　　　　咸恒遁兮及大壮，晋与明夷家人睽。
　　　　蹇解损益夬姤萃，升困井革鼎震继。
　　　　艮渐归妹丰旅巽，兑涣节兮中孚至。
　　　　小过既济兼未济，是为下经三十四。

　　为了方便读者阅读，本书以大白话的方式对《周易》进行全文翻译。但是，正所谓"道可道，非常道"，所有的经典，所有的道理，只要能够记录下来、能够说出来的，都已经不再是原本的那个"道"了。这也恰如《易传·系辞》所说的那样："书不尽言，言不尽意。"所以，任何一

周易

部经典，当我们刚刚读到的时候，不管它里面所蕴涵的道理多么精辟，在我们还没有去实践之前，它仍然仅仅是"谁都懂"的道理而已。虽然老子也提出了"不行而知，不见而明，不为而成"这样一层境界，但这样的境界绝对不是一蹴而就的，必须要经历一个过程，那就是先去"行""见""为"，也就是王阳明所说的"知行合一"的过程。

所以，要想真正读懂《周易》，除了读有字书，更要读"无字书"，这才能领悟到其中的深义与奥妙！

若水古社

二〇二二年七月

目　录

上经

第 一 卦	乾为天	/ 3
第 二 卦	坤为地	/ 7
第 三 卦	水雷屯	/ 12
第 四 卦	山水蒙	/ 16
第 五 卦	水天需	/ 21
第 六 卦	天水讼	/ 26
第 七 卦	地水师	/ 31
第 八 卦	水地比	/ 36
第 九 卦	风天小畜	/ 41
第 十 卦	天泽履	/ 45
第十一卦	地天泰	/ 50
第十二卦	天地否	/ 55
第十三卦	天火同人	/ 60

周易

第十四卦　火天大有　/ 64

第十五卦　地山谦　/ 68

第十六卦　雷地豫　/ 72

第十七卦　泽雷随　/ 77

第十八卦　山风蛊　/ 81

第十九卦　地泽临　/ 85

第二十卦　风地观　/ 89

第二十一卦　火雷噬嗑　/ 93

第二十二卦　山火贲　/ 97

第二十三卦　山地剥　/ 101

第二十四卦　地雷复　/ 105

第二十五卦　天雷无妄　/ 109

第二十六卦　山天大畜　/ 113

第二十七卦　山雷颐　/ 117

第二十八卦　泽风大过　/ 121

第二十九卦　坎为水　/ 125

第三十卦　离为火　/ 129

目录

下经

第三十一卦	泽山咸	/ 135
第三十二卦	雷风恒	/ 139
第三十三卦	天山遁	/ 143
第三十四卦	雷天大壮	/ 147
第三十五卦	火地晋	/ 151
第三十六卦	地火明夷	/ 155
第三十七卦	风火家人	/ 159
第三十八卦	火泽睽	/ 164
第三十九卦	水山蹇	/ 169
第四十卦	雷水解	/ 173
第四十一卦	山泽损	/ 178
第四十二卦	风雷益	/ 182
第四十三卦	泽天夬	/ 187
第四十四卦	天风姤	/ 192
第四十五卦	泽地萃	/ 196
第四十六卦	地风升	/ 201
第四十七卦	泽水困	/ 205

周易

第四十八卦　水风井 / 210

第四十九卦　泽火革 / 215

第 五 十 卦　火风鼎 / 219

第五十一卦　震为雷 / 223

第五十二卦　艮为山 / 228

第五十三卦　风山渐 / 232

第五十四卦　雷泽归妹 / 237

第五十五卦　雷火丰 / 241

第五十六卦　火山旅 / 246

第五十七卦　巽为风 / 250

第五十八卦　兑为泽 / 254

第五十九卦　风水涣 / 258

第 六 十 卦　水泽节 / 262

第六十一卦　风泽中孚 / 266

第六十二卦　雷山小过 / 270

第六十三卦　水火既济 / 275

第六十四卦　火水未济 / 279

易传

- 文言传 / 285
- 系辞传·上 / 295
- 系辞传·下 / 317
- 说卦传 / 340
- 序卦传 / 352
- 杂卦传 / 360

上经

第一卦

乾为天

乾：元，亨，利，贞。

译文　《乾》卦象征天：创始，亨通，有利，正固。

《彖》曰：大哉乾元，万物资始，乃统天。云行雨施，品物流形。大明终始，六位时成，时乘六龙以御天。乾道变化，各正性命。保合大和，乃利贞。首出庶物，万国咸宁。

译文　《彖传》说：伟大的乾元啊，万物就是因为有了它才开始，它统领万物。施于云雨，长养万物，各自成形。太阳反复运行，六爻得时而形成，时乘六龙（六爻）得以驾驭天道。天道变化，万物各自正定本性。保全住太和之气，以利于守持正固。圣人效法天道，其德高于众人，万国各得其首领故皆得安宁。

周易

《象》曰：天行健，君子以自强不息。

译文 《象传》说：天道运行刚健，而且永无止息，所以君子应效法天道，自强不息。

初九，潜龙，勿用。

译文 初九，龙潜伏在水中，暂时还不能发挥作用。

《象》曰："潜龙，勿用"，阳在下也。

译文 《象传》说："龙潜伏在水中，暂时还不能发挥作用"，是因为阳气还在下面。

九二，见龙在田，利见大人。

译文 九二，龙已出现在地上，利于出现大德之人。

《象》曰："见龙在田"，德施普也。

译文 《象传》说："龙已出现在地上"，恩德犹如阳光普照，天下人普遍得到恩惠。

九三,君子终日乾乾,夕惕若,厉,无咎。

译文 九三,君子终日自强不息,到了晚上也没有丝毫的懈怠,这样即使遇到危险也不会有事。

《象》曰:"终日乾乾",反复道也。

译文 《象传》说:"终日自强不息",是反复地施行大道。

九四,或跃在渊,无咎。

译文 九四,或腾跃而起,或退居于深渊,都不会有危害。

《象》曰:"或跃在渊",进无咎也。

译文 《象传》说:"或腾跃而起,或退居于深渊",因为能审时度势,所以前进不会有危害。

九五,飞龙在天,利见大人。

译文 九五,巨龙飞到天上,利于出现大德之人。

《象》曰："飞龙在天"，大人造也。

译文 《象传》说："巨龙飞到天上"，象征大人物一定会有所作为。

上九，亢龙，有悔。

译文 上九，龙飞得太高了，必将会后悔。

《象》曰："亢龙，有悔"，盈不可久也。

译文 《象传》说："龙飞得太高了，必将会后悔"，说明太圆满的东西是不可长久的。

用九，见群龙无首，吉。

译文 用九，看见一群没有首领的龙，是很吉利的。

《象》曰："用九"，天德不可为首也。

译文 《象传》说："用九"的爻象说明，天虽生万物，却不自以为万物之首。

第二卦

坤为地

☷

坤：元，亨，利牝马之贞。君子有攸往，先迷，后得主，利。西南得朋，东北丧朋。安贞吉。

译文 《坤》卦象征地：元始，亨通，利于像雌马那样守持正固。君子有所前往，要是处处抢先，必然要误入歧途；要是随从人后，就会找到自己的主人，这样是吉利的。如果往西南方，会得到朋友的帮助；如果往东北方，则会失去朋友的帮助。只有安顺守持正固，才会获得吉祥。

《彖》曰：至哉坤元，万物资生，乃顺承天。坤厚载物，德合无疆。含弘光大，品物咸亨。牝马地类，行地无疆，柔顺利贞。君子攸行，先迷失道，后顺得常。西南得朋,乃与类行。东北丧朋,乃终有庆。安贞之吉,应地无疆。

译文 《象传》说:至美之德啊,配合天开创万物的大地,万物依赖它而生长,因为它顺从天道的志向。大地用厚德载养万物,德性与天道相合而无边无际。它包含万物并使之发扬光大,使众物得以亨通。雌马是属于地同类的,它奔行于无边的大地,柔顺而宜于守正。君子有所往,抢先就会失其道,使自己靠后并顺从主人,反而会得其道。往西南去会得到朋友,并与自己志同道合的人同行;往东北则丧失朋友,但最终也是喜庆吉祥的。安于守正就会吉祥,因为这应合了无边的地之道。

《象》曰:地势坤,君子以厚德载物。

译文 《象传》说:坤象征大地顺承天道,君子应效法大地,厚养美德,包容万物。

初六,履霜,坚冰至。

译文 初六,脚踏上了霜,预示着坚冰即将到来。

《象》曰:"履霜,坚冰",阴始凝也;驯致其道,至坚冰也。

译文 《象传》说:"脚踏上了霜,预示着坚冰即将到来",说明阴气开始凝聚;按照这种情况发展下去,坚冰必将到来。

六二,直,方,大,不习无不利。

译文 六二,正直、端正、正大光明,不学习也不会有什么不利。

《象》曰:六二之动,直以方也;"不习无不利",地道光也。

译文 《象传》说:六二爻的变动,趋向于正直、端正的性质。"不学习也不会有什么不利",是按地之道办事并使其得以光大的表现。

六三,含章可贞,或从王事,无成有终。

译文 六三,拥有才华而不显露,可以守持正固,如果辅佐君主,功成后却不居功,谨守为臣的职责到最后。

《象》曰:"含章可贞",以时发也;"或从王事",知光大也。

译文 《象传》说:"拥有才华而不显露,可以守持正固",是要把握时机才能发挥出来,"如果辅佐君主",必能施展抱负。

六四,括囊,无咎,无誉。

译文 六四,扎紧袋口(如缄口不言),就不会有什么过失,当然也不会有什么荣誉。

《象》曰:"括囊,无咎",慎不害也。

译文 《象传》说:"扎紧袋口(如缄口不言),就不会有什么过失",因为六四这个位置很敏感,必须小心谨慎,才不会有过失。

六五,黄裳,元吉。

译文 六五,黄色的衣裳,最为吉祥。

《象》曰:"黄裳,元吉",文在中也。

译文 《象传》说:"黄色的衣裳,最为吉祥",是因为黄色代表中,所以做事要行中道,这样才会吉祥。

上六,龙战于野,其血玄黄。

译文 上六,龙在郊外相战,它们的血是暗黄色的。(形容阴气盛极,与阳气相战于郊外,导致天地混杂,乾坤莫辨。)

《象》曰:"龙战于野",其道穷也。

译文 《象传》说:"阴气与阳气相战于郊外",说明阴气已经发展到尽头了。

用六,利永贞。

译文 用六,利于永远保持正固。

《象》曰:用六"永贞",以大终也。

译文 《象传》说:用六"利于永远保持正固",说明阴最终以返回刚大为结局。

第三卦

水雷屯

䷂

屯：元亨，利贞。勿用有攸往，利建侯。

译文 《屯》卦象征初生：大亨通，利于贞正。不要急于发展，利于建立诸侯。

《彖》曰：《屯》，刚柔始交而难生，动乎险中，大亨贞。雷雨之动满盈，天造草昧，宜建侯而不宁。

译文 《彖传》说：《屯》卦，象征着刚柔开始相交，而难以生成，动于险难之中，如果能够坚持正道就会获得大亨通。雷雨交加盈满，上天在混沌蒙昧中创造生命，此时适宜广建诸侯治理天下，不可忘记危险安居无事。

《象》曰：云雷，《屯》。君子以经纶。

译文 《象传》说：《屯》卦的卦象是上云下雷。君子观察这一卦象，要奋发图强，做好治理工作。

初九，磐桓，利居贞，利建侯。

译文 初九，在创业时期困难特别大，往往徘徊不前，但只要能坚守正固，必然能够建功立业。

《象》曰：虽磐桓，志行正也。以贵下贱，大得民也。

译文 《象传》说：虽然徘徊不前，但志向和行为却不失正道。只要能够放下高贵的身份，谦恭待下，就会大得民众的拥护。

六二，屯如，邅如，乘马班如。匪寇婚媾，女子贞不字，十年乃字。

译文 六二，多么困难啊，骑上马却团团转，徘徊不进。这不是盗寇，而是来求婚的。女子守持正固，不急于嫁人，过了十年才缔结良缘。

《象》曰：六二之难，乘刚也。"十年乃字"，反常也。

译文 《象传》说:六二爻之所以出现困难,是由于以阴柔凌驾在初九这个阳爻之上。"十年才缔结良缘",是很反常的。

六三,即鹿无虞,惟入于林中。君子几,不如舍,往吝。

译文 六三,追逐山鹿时没有管山林之人引导,使得鹿逃入树林中去。此时,君子应该果断地舍弃,如果继续追踪,则必然会有所失。

《象》曰:"即鹿无虞",以从禽也。君子舍之,往吝穷也。

译文 《象传》说:"追逐山鹿没有管山林之人引导",是因为追捕鹿过于急切。君子应及时放弃,如果继续前往,就会因为山穷水尽而找不到出路。

六四,乘马班如,求婚媾,往吉,无不利。

译文 六四,乘着马在原地转圈,是要求婚,结果是吉祥而没有什么不利的。

《象》曰：求而往，明也。

译文 《象传》说：有求于下而前往，这是明智之举。

九五，屯其膏，小贞吉，大贞凶。

译文 九五，只顾自己囤积财富，弱小者守持正道则吉祥，刚大者守持正道则防凶险。

《象》曰："屯其膏"，施未光也。

译文 《象传》说："只顾自己囤积财富"，说明施德不广泛。

上六，乘马班如，泣血涟如。

译文 上六，乘着马却进退两难，只是悲伤地哭泣，泣血不止。

《象》曰："泣血涟如"，何可长也？

译文 《象传》说："悲伤地哭泣，泣血不止"，这种状况怎能维持长久呢？

第四卦

山水蒙

☶☵

蒙：亨。匪我求童蒙，童蒙求我。初筮告，再三渎，渎则不告。利贞。

译文 《蒙》卦象征启蒙：亨通。不是我有求于幼童，而是幼童有求于我。第一次占问，神灵会告诉结果；如果一而再、再而三地乱问，这就亵渎了神灵，因此神灵不予回答。利于守持正道。

《彖》曰：蒙，山下有险，险而止，蒙。蒙，亨。以亨行时中也。"匪我求童蒙，童蒙求我"，志应也。"初筮告"，以刚中也。"再三渎，渎则不告"，渎蒙也。蒙以养正，圣功也。

译文 《彖传》说：蒙，山下有险难，遇险而止步，故为蒙。蒙,亨通。以亨道行动,把握适中的时机。"不是我有求于童蒙,而是童蒙有求于我",这是双方志向得以相应。"初次占问,则告诉结果",是因为得刚中之道。"再三占问,就是亵渎神灵,则不告诉其结果",这种亵渎的做法,是很蒙昧的。在蒙昧状态下就修养正道,这是成就圣人的功绩。

《象》曰:山下出泉,《蒙》;君子以果行育德。

译文 《象传》说:《蒙》卦的卦象是山下有泉水之象。君子观察这一卦象,应果断行动,以培养出良好的品德。

初六,发蒙,利用刑人,用说桎梏;以往吝。

译文 初六,要进行启蒙教育,贵在制定明确、适当的法规,树立典型,使民众受到一定的约束,以便防止罪恶发生;如果一开始就去掉对他们的约束,将来必然会有所失。

《象》曰:利用刑人,以正法也。

译文 《象传》说:制定明确的法规,用树立典型的办法来进行启蒙教育,是为了贯彻正确的法度。

九二，包蒙，吉。纳妇，吉。子克家。

译文 九二，能够包容那些蒙昧者，这是很吉利的。用同样的态度娶妻，也会吉祥的。通过正确的教育，孩子也能够治家。

《象》曰："子克家"，刚柔接也。

译文 《象传》说："通过正确的教育，孩子也能够治家"，这是因为刚柔相济，让孩子受到启蒙教育的结果。

六三，勿用取女，见金夫，不有躬，无攸利。

译文 六三，不能娶这个女子，因为她的心目中只有美貌的男子，而且不能遵守礼仪，难以保住自己的节操，娶这样的女子是没有什么好处的。

《象》曰："勿用取女"，行不顺也。

译文 《象传》说："不能娶这个女子"，娶了这个女子为妻，以后的行为也不会顺遂。

六四，困蒙，吝。

译文 六四，陷入蒙昧的境地，无法接受教育，结果当然是不好的。

《象》曰：困蒙之吝，独远实也。

译文 《象传》说：陷入蒙昧的境地，无法接受教育，是远离有真才实学的老师造成的。

六五，童蒙，吉。

译文 六五，蒙童虚心地向老师求教，这是很吉利的。

《象》曰：童蒙之吉，顺以巽也。

译文 《象传》说：蒙童虚心地向老师求教，这是很吉利的，这是因为蒙童对老师采取了恭顺谦逊的态度。

上九，击蒙，不利为寇，利御寇。

译文 上九，启蒙教育要及早实行，不要等到蒙童的问题彻底暴露再去教育，而要防患于未然，事先进行启蒙教育。

《象》曰:"利"用"御寇",上下顺也。

译文 《象传》说:"启蒙教育要及早实行,不要等到蒙童的问题彻底暴露再去教育",因为只有这样,老师和童蒙才会上下配合,顺利完成对童蒙的教育。

第五卦

水天需

需:有孚,光亨,贞吉,利涉大川。

译文 《需》卦象征等待:心怀诚信,光明亨通,守持正固可获得吉祥,利于渡过大河。

《彖》曰:需,须也。险在前也,刚健而不陷,其义不困穷矣。需,"有孚,光亨,贞吉"。位乎天位,以正中也,"利涉大川",往有功也。

译文 《彖传》说:需,需要等待。危险在前方,有刚健故虽遇险而不会陷滞,因为等待适宜所以不困穷。在等待的过程中,要"心怀诚信,光明亨通,守持正固可获得吉祥"。九五爻位于天子之位,居正而得中道,所以"利于渡过大河",去建功立业。

《象》曰：云上于天，《需》；君子以饮食宴乐。

译文 《象传》说：《需》卦云在天上之象。君子观此卦之象，应学会等待，这个时候不妨吃喝玩乐，等待时机成熟再有所行动。

初九，需于郊，利用恒，无咎。

译文 初九，在郊外等待，必须有恒心，耐心地静候时机，这样就不会有什么祸患。

《象》曰："需于郊"，不犯难行也；"利用恒，无咎"，未失常也。

译文 《象传》说："在郊外等待"，表明不能冒险轻率前行；"耐心地等候时机，不会有什么祸患"，因为没有偏离常道。

九二，需于沙，小有言，终吉。

译文 九二，在沙滩上等待，虽然有一些言语上的摩擦，但结果是吉祥的。

《象》曰:"需于沙",衍在中也;虽"小有言",以吉终也。

译文 《象传》说:"在沙滩上等待",表明九二宽宏大量,不急不躁;虽然受到一些言语的非难和指责,但最终能获得吉祥。

九三,需于泥,致寇至。

译文 九三,在泥泞中等待,会招致匪寇到来。

《象》曰:"需于泥",灾在外也;自我致寇,敬慎不败也。

译文 《象传》说:"在泥泞中等待",灾祸就在外面了;自己招引来强盗,说明九三要处处小心谨慎,才能避开危险。

六四,需于血,出自穴。

译文 六四,在血泊中等待,陷进深穴,用尽全力才从深穴中逃脱出来。

《象》曰:"需于血",顺以听也。

译文 《象传》说:"在血泊中等待",表明此时必须沉着冷静,顺应时势,才会有所转机。

九五,需于酒食,贞吉。

译文 九五,在酒食宴乐中等待,守持正固就会吉祥。

《象》曰:"酒食,贞吉",以中正也。

译文 《象传》说:"在酒食宴乐中等待,守持正固就会吉祥",是因为九五的位置既中且正。

上六,入于穴,有不速之客三人来;敬之,终吉。

译文 上六,落入了洞穴之中,来了三位不速之客;对他们恭恭敬敬,以礼相待,结果是吉祥的。

《象》曰:"不速之客来,敬之,终吉。"虽不当位,未大失也。

译文 《象传》说:"来了三位不速之客;对他们恭恭

敬敬,以礼相待,结果是吉祥的。"即使是处在不适当的地位,也不会有什么重大的损失。

第六卦

天水讼

讼：有孚窒惕，中吉，终凶。利见大人，不利涉大川。

译文 《讼》卦象征打官司：这是诚信被阻塞，心中畏惧有所戒备引起，坚守正道居中不偏会呈现吉祥；坚持把官司打到底则有凶险。利于拜见大人物，不利于渡过大河。

《彖》曰：讼，上刚下险，险而健，讼。"讼，有孚窒惕，中吉"，刚来而得中也。"终凶"，讼不可成也。"利见大人"，尚中正也。"不利涉大川"，入于渊也。

译文 《彖传》说：讼，上为阳刚下为坎险之象，人意怀险恶而性又刚健，就有诉讼。"讼，诚信被阻塞，心中畏惧有所戒备引起，坚守正道居中不偏会呈现吉祥"，阳刚来（九二）而得中位。"把争讼坚持到底会有凶"，说明争讼不息不会取得成功。"适合拜见大人物"，这是崇尚中正之德。"不宜涉越大河"，因为持刚乘险会陷入深渊中。

《象》曰：天与水违行，《讼》；君子以作事谋始。

译文 《象传》说：《讼》卦的卦象是天在上，水在下，天向西，而水向东，是相违背之象，象征着人们由于意见不合而打官司。所以君子在做事之前要深谋远虑，从一开始就要避免可能引起争端的因素。

初六，不永所事；小有言，终吉。

译文 初六，不要永久地纠缠在争讼之中；虽然受到一些言语中伤，但终究会获得吉祥。

《象》曰："不永所事"，讼不可长也；虽"小有言"，其辩明也。

译文 《象传》说："不要永久地纠缠在争讼之中"，说明与人争端绝不可长久；虽然"受到一些言语中伤"，但通过讲道理，是可以明辨是非的。

九二，不克讼，归而逋，其邑人三百户，无眚。

译文 九二，打官司失利，赶快逃回来，跑到只有三百户人家的小邑中，可以避开灾祸。

《象》曰："不克讼"，归逋窜也；自下讼上，患至掇也。

译文 《象传》说："打官司失利"，迅速逃回来；处在下位而与上面有权有势的人打官司，必然会有灾祸降临，幸好到此为止了。

六三，食旧德，贞厉，终吉；或从王事，无成。

译文 六三，安享旧日的家业，坚守正道，处处小心防备危险，终究会获得吉祥；如果辅佐君王建功立业，成功后不归功于自己。

《象》曰："食旧德"，从上吉也。

译文 《象传》说："安享旧日的家业"，说明处在六三这个位置上，只有顺从上级，才可以获得吉祥。

九四，不克讼，复即命，渝。安贞，吉。

译文 九四，打官司失利后，经过反思改变了主意，决定不打官司了。从此安守正固，自然会获得吉利。

《象》曰："复即命渝"，安贞不失也。

译文 《象传》说："打官司失利后，经过反思改变了主意，决定不打官司了"，说明坚守正道就没有什么损失了。

九五，讼，元吉。

译文 九五，对官司进行公正的判决，至为吉祥。

《象》曰："讼，元吉"，以中正也。

译文 《象传》说："对官司进行公正的判决，至为吉祥"，是因为九五居于正中地位，能够以中正的态度论断曲直，中而不过，正而不邪。

上九，或锡之鞶带，终朝三褫之。

译文 上九，因打官司获胜，君王或许会赏赐给饰有大带的华贵衣服，但在一天之内却几次被剥夺。

《象》曰：以讼受服，亦不足敬也。

译文 《象传》说：因为打官司获胜而获赏赐，这是不值得尊敬的。

第七卦

地水师

䷆

师：贞，丈人吉，无咎。

译文《师》卦象征军队：坚守正道，由德高望重、作战经验丰富的长者统帅军队，可以得到吉祥，不会有什么灾祸。

《彖》曰：师，众也。贞，正也。能以众正，可以王矣。刚中而应，行险而顺，以此毒天下，而民从之，吉又何咎矣！

译文《彖传》说：师，指随从的人众多。贞，为守正道。若能使众人皆行正道，就可以为王。（九五）以阳刚居中，而与众阴相应，行于险难而顺合正理，以此道治理天下，得到民众的顺从，这是很吉祥的，又会有什么灾祸呢！

《象》曰：地中有水，《师》；君子以容民畜众。

译文 《象传》说：《师》卦的卦象是地中有水之象，象征着兵众。君子观看这一卦，要像地中藏水一样容纳天下百姓，蓄养众人。

初六，师出以律，否臧凶。

译文 初六，出师征战要有严明的纪律，如果军纪混乱必然有凶险。

《象》曰："师出以律"，失律凶也。

译文 《象传》说："出师征战要有严明的纪律"，因为一旦丧失了军纪就会有凶险。

九二，在师，中吉，无咎；王三锡命。

译文 九二，在军中任统帅，持中不偏可得吉祥，没有什么灾祸；君王多次给予嘉奖并委以重任。

《象》曰："在师，中吉"，承天宠也；"王三锡命"，怀万邦也。

译文 《象传》说:"在军中任统帅,持中不偏可得吉祥",说明承受天子之命,因而得到天子的宠爱;"君王多次给予嘉奖并委以重任",说明怀有治国平天下的弘大志向。

六三,师或舆尸,凶。

译文 六三,士兵不时用车从战场上运送尸体回来,有凶险。

《象》曰:"师或舆尸",大无功也。

译文 《象传》说:"士兵不时用车从战场上运送尸体回来",说明没有获得什么功绩。

六四,师左次,无咎。

译文 六四,军队暂时撤退防守,没有什么灾祸。

《象》曰:"左次无咎",未失常也。

译文 《象传》说:"军队暂时撤退防守,没有什么灾祸",这是用兵的进退之道,并不失常理。

六五,田有禽,利执言,无咎。长子帅师,弟子舆尸。贞凶。

译文 六五,田野中有野兽出没,利于率军围猎捕获,不会有损失。委任德高望重的长者为主帅,必将战无不胜;如果委任无德的小子,将会用车运送着尸体大败而回。守正道以防凶险。

《象》曰:"长子帅师",以中行也;"弟子舆尸",使不当也。

译文 《象传》说:"委任德高望重的长者为主帅",表明居中持正,必然获胜;"委任无德小子,将会用车运送着战死者的尸体大败而归",这是用人不当的结果。

上六,大君有命,开国承家,小人勿用。

译文 上六,天子颁布诏命,分封功臣为诸侯或大夫,但小人绝不可以重用。

《象》曰:"大君有命",以正功也;"小人勿用",必乱邦也。

译文 《象传》说:"天子颁布诏命,分封功臣",是为了论功行赏;"小人绝不可以重用",因为重用小人必然危害并扰乱国家。

第八卦

水地比

比：吉。原筮，元永贞，无咎。不宁方来，后夫凶。

译文 《比》卦象征亲密比辅、团结互助：吉祥。探本求原，再三考虑，一开始就守持正道，那样就没有灾害。连不安顺的诸侯现在也来朝贺，大家对那些来迟的诸侯当然会不满，后来者将有凶险。

《彖》曰：比，吉也；比，辅也，下顺从也。"原筮，元永贞，无咎"，以刚中也。"不宁方来"，上下应也。"后夫凶"，其道穷也。

译文 《彖传》说：亲近归附，必有吉祥；比，有人辅助之义，居下而能顺从。"探本求原，再三考虑，一开始就守持正道，没有灾害"，（九五）以刚而得中。"不安顺的诸侯现在也来朝贺"，上下亲比而相应和。"那些来迟的诸侯将有凶险"，说明比道到此已经穷尽了。

《象》曰：地上有水，比。先王以建万国，亲诸侯。

译文 《象传》说：比卦的卦象是地上有水，象征地与水亲密无间，互相依存。先王明白这个道理，所以分封土地，建立万国，安抚亲近各地诸侯。

初六，有孚比之，无咎。有孚盈缶，终来有它，吉。

译文 初六，用诚实守信的德行去亲比君主，不会有灾祸。君主诚信的德行如同美酒注满了酒缸，这样远方的人就纷纷前来归附，结果是吉祥的。

《象》曰：《比》之初六，有它吉也。

译文 《象传》说：《比》卦的初六爻，说明一开始便具有诚信的德行，致使远方来人归附，可获吉祥。

六二，比之自内，贞吉。

译文 六二，在内部亲密团结，并固守正道，结果是吉祥的。

《象》曰："比之自内"，不自失也。

译文 《象传》说："内部亲密无间团结一致"，说明没有偏离正道。

六三，比之匪人。

译文 六三，和行为不端正的人亲密。

《象》曰："比之匪人"，不亦伤乎？

译文 《象传》说："和行为不端正的人亲密"，难道不是一种伤害吗？

六四，外比之，贞吉。

译文 六四，在对外交往中互相信任，亲密团结，持守正道可获吉祥。

《象》曰：外比于贤，以从上也。

译文 《象传》说：在外面亲比贤者，说明要顺从居于上位的尊者。

九五，显比；王用三驱，失前禽，邑人不诫，吉。

译文 九五，光明无私，亲密团结，互相辅助；跟随君王去田野围猎，从三面驱赶猎物，网开一面，看着猎物从开放的那面逃走，毫不在乎，邑中百姓也不戒备，吉祥。

《象》曰：显比之吉，位正中也；舍逆取顺，失前禽也；邑人不诫，上使中也。

译文 《象传》说：光明无私，亲密团结，互相辅助，可获得吉祥，因为此时居于正中位置；抛弃违逆自己的，只要顺从自己的，就好像放走猎物一样；邑中百姓听其自然，不加戒备，这是受君王的贤德感化的缘故。

上六，比之无首，凶。

译文 上六，亲比而没有首领，会有凶险。

《象》曰："比之无首"，无所终也。

译文 《象传》说："亲比而没有首领"，说明无所归附。

第九卦

风天小畜

小畜：亨；密云不雨，自我西郊。

译文《小畜》卦象征小有积蓄：亨通；天空布满浓密的积云，但还没有下雨，云气是从我西边的郊区飘过来的。

《彖》曰："小畜"，柔得位而上下应之，曰小畜。健而巽，刚中而志行，乃亨。"密云不雨"，尚往也；"自我西郊"，施未行也。

译文《彖传》说："小有积蓄"，阴柔得居正位而且上下应和，叫小畜。刚健而逊顺，阳刚居中而志向得以施行，所以亨通。"乌云密布而不下雨"，此为云雨向上行；"云从我西郊而来"，只是布施而不下雨。

《象》曰:风行天上,"小畜";君子以懿文德。

译文 《象传》说:《小畜》卦是风飘行天上。风在天上吹,密云不雨,气候不好不坏,收成一般,所以只能"小有积蓄";君子面对这种情况,要修养文化和品德,以等待时机。

初九,复自道,何其咎?吉。

译文 初九,自己从原路返回,哪里会有什么灾难呢?这是吉祥的。

《象》曰:"复自道",其义吉也。

译文 《象传》说:"自己从原路返回",表明这行动很适宜,符合常理,因而吉祥。

九二,牵复,吉。

译文 九二,带着别人一起从原路返回,吉祥。

《象》曰:牵复在中,亦不自失也。

译文 《象传》说:带着别人从原路返回,表明此时处于居中位置，所以没有什么损失的。

九三，舆说辐，夫妻反目。

译文 九三，车身与车轴分离，夫妻反目离异。

《象》曰："夫妻反目"，不能正室也。

译文 《象传》说："夫妻反目离异"，说明丈夫不能以家规要求妻子，自己也没有给妻子做出表率。

六四，有孚；血去惕出，无咎。

译文 六四，诚实守信，互相信任；抛弃戒备心理，这样就没有灾祸。

《象》曰：有孚惕出，上合志也。

译文 《象传》说：具有诚信之德并抛弃戒备心理，这样做是符合上位者意愿的。

九五，有孚挛如，富以其邻。

译文 九五，有诚信并与别人紧密联系、互相帮助，自己富裕也要使邻人跟着一同富起来。

《象》曰："有孚挛如"，不独富也。

译文 《象传》说："有诚信并与别人紧密联系、互相帮助"，表明要与人共同富裕，而不是独自享受富贵。

上九，既雨既处，尚德载；妇贞厉，月几望；君子征凶。

译文 上九，下起了雨，但不久又停下来，阳刚者的德行被阴气所弥漫掩盖；妇人要坚守正道，要小心防备危险，要像月亮将圆而不过盈；君子出征会有凶险。

《象》曰："既雨既处"，德积载也；"君子征凶"，有所疑也。

译文 《象传》说："下起了雨，但不久又停下来"，说明这时阴气积聚掩盖了阳刚之德；"君子出征会有凶险"，说明阴湿之气聚集，前行情况不明，会发生危险。

第十卦

天泽履

履：履虎尾，不咥人，亨。

译文 《履》卦象征小心行走：踩了老虎尾巴，老虎却没有咬人，亨通顺利。

《彖》曰："履"，柔履刚也。说而应乎乾，是以"履虎尾，不咥人，亨"。刚中正，履帝位而不疚，光明也。

译文 《彖传》说："小心行走"，阴柔行走在阳刚之后。和悦且顺应于刚健，所以"踩了老虎尾巴，老虎却没有咬人，亨通顺利"。（九五）以刚健中正之德居帝王之位而不负疚，因为这是光明正大的事情。

《象》曰：上天下泽，《履》；君子以辩上下，定民志。

译文 《象传》说：《履》卦为天下有泽之象。上有天，下有泽，说明要处处小心行动，如行走在沼泽之上；君子观此卦要深明大义，分清上下尊卑名分，坚定百姓的意志。

初九，素履，往无咎。

译文 初九，心地纯朴，品行端正，处处小心行事，没有灾祸。

《象》曰：素履之往，独行愿也。

译文 《象传》说：心地纯朴，品行端正，处处小心行事，表明要专心致志，才能实现自己的意愿。

九二，履道坦坦，幽人贞吉。

译文 九二，道路宽阔平坦，幽静安恬的人守持正固可获吉祥。

《象》曰："幽人贞吉"，中不自乱也。

译文 《象传》说："幽静安恬的人守持正固可获吉

祥",说明自己内心平静,没有乱了方寸。

六三,眇能视,跛能履。履虎尾咥人,凶;武人为于大君。

译文 六三,一只眼睛瞎了,但勉强能看到一点点;腿跛了,但勉强能走几步。这样的人如果不正视自己的弱点,就会踩在老虎的尾巴上,老虎随时会回头咬人,前途凶险;有时此类人又能表现得像勇敢的武士,只有为精明的君主效劳,才是有益的。

《象》曰:"眇能视",不足以有明也;"跛能履",不足以与行也;咥人之凶,位不当也;"武人为于大君",志刚也。

译文 《象传》说:"一只眼睛瞎了,但勉强能看到一点点",不足以分辨事物;"腿跛了,但勉强能走几步",不能出外远行;有老虎咬人的凶险,表明这时处的位置很不妥当,竟然踩在老虎尾巴上;"勇敢的武士为君主效劳",因为武士的志向刚强,可以发挥他的长处。

九四，履虎尾，愬愬，终吉。

译文 九四，踩了老虎尾巴，因为害怕而小心谨慎，最终获得吉祥。

《象》曰："愬愬，终吉"，志行也。

译文 《象传》说："因为害怕而小心谨慎，最终获得吉祥"，是说九四上进的志愿能够实现。

九五，夬履，贞厉。

译文 九五，果断、小心行走，守持正固以防危险。

《象》曰："夬履贞厉"，位正当也。

译文 《象传》说："果断、小心行走，守持正固以防危险"，说明此时处于正当的位置。

上九，视履考祥，其旋元吉。

译文 上九，回头看看自己走过的路，吸取教训，总结经验，然后调整自己的方向，这样做是极为吉祥的。

《象》曰：元吉在上，大有庆也。

译文 《象传》说：最终获得大吉，表明有大的福分，值得庆祝。

第十一卦

地天泰

泰：小往大来，吉，亨。

译文 《泰》卦象征通达：弱小者离去，强大者到来，吉祥，亨通。

《彖》曰："泰，小往大来，吉，亨"，则是天地交而万物通也，上下交而其志同也。内阳而外阴，内健而外顺，内君子而外小人。君子道长，小人道消也。

译文 《彖传》说："泰，弱小者离去，强大者到来，吉祥，亨通"，因为此时天地交感，万物生养通畅；上下交感，志向相同。内阳刚而外阴柔，内刚健而外柔顺，内为君子而外为小人。君子之道发扬，小人之道消退。

《象》曰：天地交，《泰》；后以财成天地之道，辅相天地之宜，以左右民。

译文 《象传》说：《泰》卦是天地相交之象；君主观此卦要掌握时机，善于裁节调理，以成就天地交合之道，促成天地化生万物之机宜，护佑天下百姓，使百姓安居乐业。

初九，拔茅茹，以其汇，征吉。

译文 初九，拔起了一把茅草，它们的根相连在一起，预示着出征是吉祥的。

《象》曰："拔茅""征吉"，志在外也。

译文 《象传》说："拔起一把茅草""出征可获吉祥"，说明有在外建功立业的远大志向。

九二，包荒，用冯河；不遐遗；朋亡。得尚于中行。

译文 九二，像挖空的瓠瓜一样，有虚怀若谷的胸襟，可以涉过大河；礼贤下士，对远方的贤德之人也不遗弃；不结成小团体，不结党营私。能够辅佐有贤德的君主。

《象》曰："包荒"，"得尚于中行"，以光大也。

译文 《象传》说："像挖空的瓠瓜一样，有虚怀若谷的胸襟"，"能够辅佐有贤德的君主"，说明自己光明正大、道德高尚。

九三，无平不陂，无往不复；艰贞无咎，勿恤其孚，于食有福。

译文 九三，没有平地不变为陡坡的，没有只去而不回的；处在艰难的境地中坚守正道就不会有灾难，不要怕不能取信于人，安心享用俸禄就是有福的。

《象》曰："无往不复"，天地际也。

译文 《象传》说："没有只去而不回的"，此时正处在天地交合的边界。

六四，翩翩不富，以其邻，不戒以孚。

译文 六四，像飞鸟从高处联翩下降，虚怀若谷，这样与邻人相处，不戒备，彼此以诚相待，讲求信用。

《象》曰："翩翩不富"，皆失实也；"不戒以孚"，中心愿也。

译文 《象传》说："像飞鸟从高处联翩下降，虚怀若谷"，说明此时不以个人的殷实富贵为念；"不戒备，彼此以诚相待，讲求信用"，因为这是大家内心共同的意愿。

六五，帝乙归妹，以祉元吉。

译文 六五，帝乙嫁出少女，以此得到福泽，至为吉祥。

《象》曰："以祉元吉"，中以行愿也。

译文 《象传》说："以此得到福泽，至为吉祥"，说明六五居中不偏，实现应下的意愿。

上六，城复于隍。勿用师，自邑告命，贞吝。

译文 上六，城墙倒塌在久已干涸的护城壕沟里。这时不可进行战争，应减少繁琐的政令，守持正固以防止可能出现的土崩瓦解的局面。

《象》曰："城复于隍"，其命乱也。

译文 《象传》说："城墙倒塌在久已干涸的护城壕沟里"，说明形势已经向错乱不利的方向转化。

第十二卦

天地否

否：否之匪人，不利，君子贞。大往小来。

译文 《否》卦象征闭塞：封闭的社会人们之间来往不通畅，没有便利之处，君子要坚守正道。强大者离去，弱小者到来。

《彖》曰："否之匪人，不利，君子贞。大往小来。"则是天地不交而万物不通也，上下不交而天下无邦也。内阴而外阳，内柔而外刚，内小人而外君子。小人道长，君子道消也。

译文 《彖传》说："封闭的社会人们之间来往不通畅，没有便利之处，君子要坚守正道。强大者离去，弱小者到来。"因为此时天地不能互相交感，万物互相阻隔；上下不相交往,天下没有国家。内阴柔而外阳刚,内柔顺而外刚健,内为小人而外为君子。小人之道发扬,君子之道消退。

《象》曰:天地不交,《否》;君子以俭德辟难,不可荣以禄。

译文　《象传》说:《否》卦为天地不交之象;君子观此卦必须坚持勤俭节约的美德,以避开危险与灾难,不能谋取荣华富贵。

初六,拔茅茹,以其汇,贞吉,亨。

译文　初六,拔起一把茅草,只见它们的根连在一起,坚持正道可以获得吉祥,亨通。

《象》曰:"拔茅贞吉",志在君也。

译文　《象传》说:"拔起茅草,其根相连,坚持正道可以获得吉祥",说明初六坚守正道的意志是为君王着想。

六二，包承，小人吉，大人否亨。

译文 六二，包容并顺承，小人获益，大人否定此道可获亨通。

《象》曰："大人否亨"，不乱群也。

译文 《象传》说："大人否定小人之道可获亨通"，因为不愿意与小人为伍。

六三，包羞。

译文 六三，因被包容而胡作非为，招致羞辱。

《象》曰："包羞"，位不当也。

译文 《象传》说："因被包容而胡作非为，招致羞辱"，表明此时所处位置不正。

九四，有命无咎，畴离祉。

译文 九四，奉行天命则没有灾祸，大家互相依附，都可以获得福祉。

《象》曰:"有命无咎",志行也。

译文 《象传》说:"奉行天命则没有灾祸",说明要实现替天行道、开通闭塞的志向。

九五,休否,大人吉;其亡其亡,系于苞桑。

译文 九五,闭塞不通的局面将要停止,大人物将获得吉祥;居安思危,常常以"将要灭亡,将要灭亡"这样的警句来提醒自己,才能像系结在丛生的桑树上那样牢固,安然无恙。

《象》曰:大人之吉,位正当也。

译文 《象传》说:大人物获得吉祥,说明此时处于居中位置,合适得当。

上九,倾否;先否后喜。

译文 上九,闭塞不通的局面将要改变,发生了天翻地覆的变化;起初闭塞不通,后来顺畅通达,令大家欢喜振奋。

《象》曰：否终则倾，何可长也！

译文 《象传》说：闭塞到了极点必然要发生倾覆，物极必反，否极泰来，这种不顺的局面怎么会长久不变！

第十三卦

天火同人

同人：同人于野，亨，利涉大川，利君子贞。

译文 《同人》卦象征与人和睦相处：在宽阔的原野上和同于人，亨通，利于渡过大河，利于坚守正道。

《彖》曰："同人"，柔得位得中，而应乎乾，曰同人。《同人》曰："同人于野，亨，利涉大川。"乾行也。文明以健，中正而应，君子正也。唯君子为能通天下之志。

译文 《彖传》说："和同于人"，六二爻阴柔得位而居中，与外卦的九五爻相应，所以称为同人。《同人》卦说："在宽阔的原野上和同于人，亨通，有利于渡过大河。"乾道利行。文明而且刚健，六二爻和九五爻处中得正而相应，这是君子的正道。只有君子才能通达天下人的意志。

《象》曰：天与火，《同人》；君子以类族辨物。

译文 《象传》说：《同人》卦为天下有火之象，天在高处，火势熊熊而上，天与火亲和相处；君子观此卦要明白物以类聚、人以群分的道理，以此明辨事物，求同存异。

初九，同人于门，无咎。

译文 初九，出门能与人和睦相处，没有什么灾祸。

《象》曰：出门同人，又谁咎也！

译文 《象传》说：出门能与人和睦相处，又会有谁会来危害你！

六二，同人于宗，吝。

译文 六二，只和同宗派的人和睦相处，会有所遗憾。

《象》曰："同人于宗"，吝道也。

译文 《象传》说："只和同宗派的人和睦相处"，这是导致遗憾的根源。

九三，伏戎于莽，升其高陵，三岁不兴。

译文 九三，把军队埋伏在草莽之中，占据附近的制高点，但三年都没有兴兵打仗。

《象》曰："伏戎于莽"，敌刚也；"三岁不兴"，安行也？

译文 《象传》说："埋伏军队在草莽中"，说明敌人很强大，所以只好潜伏下来；"三年都没有兴兵打仗"，表明敌我力量相差悬殊，怎么能冒险前进呢？

九四，乘其墉，弗克攻，吉。

译文 九四，准备登城向敌人进攻，但最终没有进攻，是吉祥的。

《象》曰："乘其墉"，义弗克也；其吉，则困而反则也。

译文 《象传》说："准备登城向敌人进攻"，但最终没有进攻，是因为本来就不能攻克；这样做能获得吉祥，是因为在困惑时能及时醒悟，然后按正确的方法行事。

九五，同人，先号咷，而后笑，大师克相遇。

译文 九五，与人和睦相处，一开始大声痛哭，后来破涕为笑，大军作战胜利，志同道合者相会。

《象》曰：同人之先，以中直也；大师相遇，言相克也。

译文 《象传》说：与人和睦相处，一开始大声痛哭，说明九五内心中正诚信；大军遇到了志同道合者，终于获得了战争的胜利。

上九，同人于郊，无悔。

译文 上九，在荒郊与人和睦相处，没有后悔的。

《象》曰："同人于郊"，志未得也。

译文 《象传》说："在荒郊与人和睦相处"，未遇到志同道合者，说明希望天下大同的愿望没有实现。

第十四卦

火天大有

大有：元亨。

译文 《大有》卦象征大有收获：至为亨通。

《彖》曰："大有"，柔得尊位，大中而上下应之，曰大有。其德刚健而文明，应乎天而时行，是以"元亨"。

译文 《彖传》说："大有收获"，阴柔（六五）得尊位，居中而上下诸阳皆与它相应，所以称为"大有"。它的德性刚健而文治昌明，顺应于天并按时行动，所以"至为亨通"。

《象》曰：火在天上，"大有"。君子以遏恶扬善，顺天休命。

译文 《象传》说:《大有》卦为火在天上之象。火焰高悬于天上,象征太阳照耀万物,世界一片光明,"大有收获"。君子在这个时候要阻止邪恶,颂扬善行,顺应天命,求得美好的命运。

初九,无交害,匪咎;艰则无咎。

译文 初九,不互相伤害,没有什么祸患;牢记过去的艰难困苦,才能没有灾祸。

《象》曰:《大有》初九,无交害也。

译文 《象传》说:《大有》卦的初九爻说,不要互相伤害。

九二,大车以载,有攸往,无咎。

译文 九二,用大车装载着财物,送到前面的地方,没有什么祸患。

《象》曰:"大车以载",积中不败也。

译文 《象传》说:"用大车装载着财物",说明要把财物装载在正中不偏的车中,就不会倾覆。

九三,公用亨于天子,小人弗克。

译文 九三,王公前来朝贺,向天子进贡礼品并致以敬意,小人不能担当此任。

《象》曰:"公用亨于天子",小人害也。

译文 《象传》说:"王公前来朝贺,向天子进贡礼品并致以敬意",小人若担任如此重要的职务,会发生变乱,产生祸害。

九四,匪其彭,无咎。

译文 九四,虽然富有,但不过分聚敛财物,不会发生灾祸。

《象》曰:"匪其彭,无咎",明辩晢也。

译文 《象传》说:"虽然富有,但不过分聚敛财物,不会发生灾祸",说明其目光长远,能够明辨事理,懂得凡事不能做过头的哲理。

六五，厥孚交如，威如，吉。

译文 六五，以诚实守信的准则与人交往，对上尊敬，对下以慈，增加个人的威信，这是吉祥的。

《象》曰："厥孚交如"，信以发志也；威如之吉，易而无备也。

译文 《象传》说："以诚实守信的准则与人交往，对上尊敬，对下以慈"，说明以自己的诚实信用感动别人，使别人也变得诚实守信起来；增加个人威信得吉祥者，平易近人，无所防备，反而使人敬畏。

上九，自天佑之，吉无不利。

译文 上九，得到上天的保佑，吉祥，无往不利。

《象》曰：《大有》上吉，自天佑也。

译文 《象传》说：《大有》卦上九爻吉祥，这是因为得到上天保佑。

第十五卦

地山谦

☷☶

谦：亨，君子有终。

译文 《谦》卦象征谦虚：亨通，君子能够始终保持谦虚的态度。

《彖》曰：谦，"亨"。天道下济而光明，地道卑而上行。天道亏盈而益谦，地道变盈而流谦，鬼神害盈而福谦，人道恶盈而好谦。谦尊而光，卑而不可逾，君子之终也。

译文 《彖传》说：谦虚，"亨通"。天道下施而使万物光明，地道卑下而使万物生长。天道亏损盈满而增益谦虚，地道变换盈满而流注补益谦虚，鬼神祸害盈满而施福谦虚，人道憎恶盈满而喜欢谦虚。谦虚的人居于尊位，使自己变得光明高大，即使下处卑位，人们也不可逾越，这是君子的归宿。

《象》曰：地中有山，《谦》。君子以裒多益寡，称物平施。

译文 《象传》说：《谦》卦的卦象为高山隐藏于地中之象，象征高才美德隐藏于心中而不外露。君子因此损多益少，衡量各种事物，然后取长补短，使之平均。

初六，谦谦君子，用涉大川，吉。

译文 初六，谦虚而又谦虚的君子，可以渡过大河，最终会吉祥。

《象》曰："谦谦君子"，卑以自牧也。

译文 《象传》说："谦虚而又谦虚的君子"，即使处于卑微的地位，也能以谦虚的态度自我约束，而不是因为地位卑微就放纵自己。

六二，鸣谦，贞吉。

译文 六二，谦虚的美德闻名四海，持守中正可获得吉祥。

《象》曰:"鸣谦,贞吉",中心得也。

译文 《象传》说:"谦虚的美德闻名四海,持守中正可获得吉祥",这是说六二以心中纯正赢得名声,而不是靠沽名钓誉。

九三,劳谦君子,有终,吉。

译文 九三,有功劳而谦虚的君子,必能把美德保持到底,最终是吉祥的。

《象》曰:"劳谦君子",万民服也。

译文 《象传》说:"有功劳而谦虚的君子",天下的百姓都服从他。

六四,无不利,㧑谦。

译文 六四,没有任何不利,要发扬谦虚的美德。

《象》曰:"无不利,㧑谦",不违则也。

译文 《象传》说:"没有任何不利,要发扬谦虚的美德",因为六四不违背谦虚的原则。

六五，不富，以其邻利用侵伐，无不利。

译文 六五，虽然不富有，但却虚怀若谷，有利于和近邻一起出征讨伐，不会有不吉利的结果。

《象》曰："利用侵伐"，征不服也。

译文 《象传》说："利于出征讨伐"，是指征伐那些骄横不顺从的人。

上六，鸣谦，利用行师，征邑国。

译文 上六，谦虚的美德远扬四方，有利于带兵作战，征伐邻近的小国。

《象》曰："鸣谦"，志未得也；可用行师，征邑国也。

译文 《象传》说："谦虚的美德闻名四海"，但安邦定国的志向未达成；所以可以出师征讨，惩处那些骄横的小国。

第十六卦

雷地豫

豫：利建侯行师。

译文 《豫》卦象征欢乐愉快：有利于册封诸侯和出师征战。

《彖》曰：豫，刚应而志行，顺以动，豫。豫，顺以动，故天地如之，而况建侯行师乎？天地以顺动，故日月不过，而四时不忒。圣人以顺动，则刑罚清而民服。《豫》之时义大矣哉！

译文 《彖传》说：欢乐愉快，阳刚为阴柔所应，其志向得以实现，顺从物性而动，这就是豫。豫，顺性而动，所以天地运行都是如此，更何况册封诸侯和出师征战这些事情呢？天地顺时而动，所以日月周转不失其度，而四季更替亦无差错。圣人顺应民情而动,则刑罚清明而民众服从。《豫》卦所包含的顺时而动的意义真大啊!

《象》曰:雷出地奋,《豫》。先王以作乐崇德,殷荐之上帝,以配祖考。

译文 《象传》说:《豫》卦为地上响雷之象。雷在地上轰鸣,使大地振奋起来,这是大自然愉快高兴的表现。上古圣明的君主以此创造了音乐,并用音乐来崇尚推广伟大的功德。他们以盛大隆重的典礼,把音乐献给天帝,并用它来祭祀自己的祖先。

初六,鸣豫,凶。

译文 初六,自鸣得意,高兴过了头,有凶险。

《象》曰:初六"鸣豫",志穷凶也。

译文 《象传》说:《豫》卦初六"自鸣得意,高兴过了头",说明它没有雄心壮志,目光短浅,很容易就得意忘形,结果有凶险。

六二，介于石，不终日，贞吉。

译文 六二，正直的品德如同磐石一样坚固，不到一天时间，就明白了欢乐也要适可而止的道理，守正才会获得吉祥。

《象》曰："不终日，贞吉"，以中正也。

译文 《象传》说："不到一天时间，就明白了欢乐也要适可而止的道理，守正才会获得吉祥"，这是因为能居中持正。

六三，盱豫悔；迟有悔。

译文 六三，用谄媚奉承的手段取悦于上司，以求得欢乐，这势必导致悔恨；如若悔悟不及时，就会招致更大的悔恨。

《象》曰："盱豫有悔"，位不当也。

译文 《象传》说："用谄媚奉承的手段取悦于上司，以求得欢乐，这势必导致悔恨"，这是由于六三所处位置不正。

九四，由豫，大有得；勿疑，朋盍簪。

译文 九四，人们依赖他而得到欢乐愉快，大有所获；毋庸置疑，朋友们会像头发括束于簪子一样，聚集在他周围。

《象》曰："由豫，大有得"，志大行也。

译文 《象传》说："人们依赖他得到欢乐愉快，大有所获"，表明九四的阳刚之志可以放手去施行。

六五，贞疾，恒不死。

译文 六五，守持正固预防疾病，才能长久健康，不会死亡。

《象》曰：六五"贞疾"，乘刚也；"恒不死"，中未亡也。

译文 《象传》说：六五"守持正固预防疾病"，因为它乘在九四这个阳爻之上；"能够长时间地支持下去而不致死亡"，这是因为它居中。

上六，冥豫成，有渝无咎。

译文 上六，已经处在天昏地暗的局面之中，却仍沉溺于寻欢作乐，会有危险。但只要及时觉悟做出改变，就可避免灾害。

《象》曰："冥豫"在上，何可长也?

译文 《象传》说："已经处在天昏地暗的局面之中，却仍沉溺于寻欢作乐"，这样欢乐的局面怎能长久地保持呢?

〔清〕佚名《历代帝王圣贤名臣大儒遗像》之伏羲

〔清〕佚名《历代帝王圣贤名臣大儒遗像》之周文王

〔清〕佚名《历代帝王圣贤名臣大儒遗像》之周公

〔清〕佚名《历代帝王圣贤名臣大儒遗像》之孔子

〔清〕佚名《历代帝王圣贤名臣大儒遗像》之董仲舒

〔南宋〕马麟《伏羲坐像》

唐代绢画《伏羲女娲像》

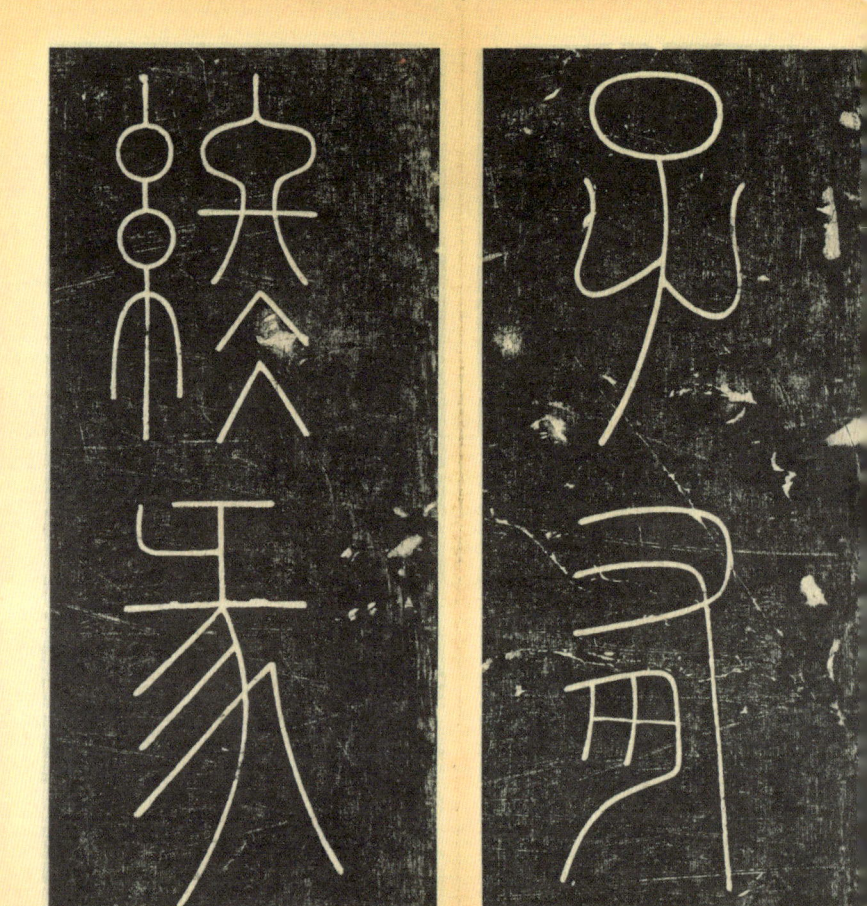

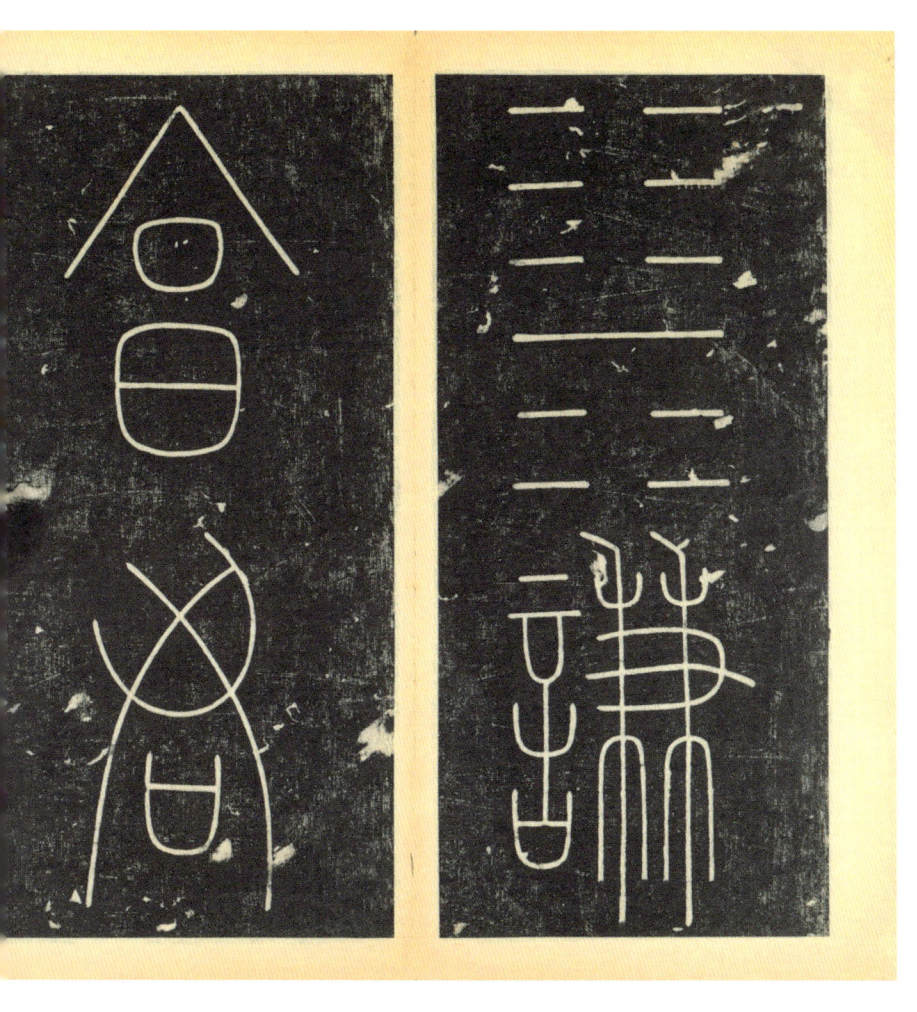

〔唐〕李阳冰《谦卦碑》(局部)

兩儀生四象象生八卦

〔南宋〕朱熹《易系辞册》（局部）

於道德而理於義窮理盡性以至於命

大德九年十月十一日謁於真館為南谷尊師書此章弟子趙孟頫

昔者圣人之作
易也幽赞於神
明而生蓍参天
两地而倚数观
变於阴阳而立
卦发挥於刚

〔元〕赵孟頫《行书三段卷》（局部）

成男
坤道
生生
而變

二氣
成女
化
窮焉

〔明〕王阳明《太极图说》（清末填墨本，局部）

〔清〕舒浩《周敦颐爱莲图》

第十七卦

泽雷随

随:元亨,利贞,无咎。

译文 《随》卦象征随从、随和:至为亨通,利于固守正道,没有任何危险。

《彖》曰:随,刚来而下柔,动而说,随。大亨,贞无咎,而天下随时。《随》时之义大矣哉!

译文 《彖传》说:随从,阳刚自外卦来而居内卦阴爻之下,健动而喜悦,所以称随。大亨通,守正无咎,天下万物皆追随适宜的时机。《随》卦所包含的顺时而动的意义真大啊!

《象》曰:泽中有雷,随。君子以向晦入宴息。

译文 《象传》说:《随》卦为泽中有雷之象。大泽中有雷声,大泽随着雷声而震动,这便象征随从。君子行事要遵循合适的作息时间,白天辛劳工作,夜晚就好好休息。

初九,官有渝,贞吉。出门交有功。

译文 初九,官职有所变动,守持正道可获吉祥。出门交往能成功。

《象》曰:"官有渝",从正吉也;"出门交有功",不失也。

译文 《象传》说:"官职有所变动",但无论怎么变,都始终遵从正道,这样就可以获得吉祥;"出门交往能成功",这是因为唯正是从,见善则从,没有过失。

六二,系小子,失丈夫。

译文 六二,倾心随从于年轻小子,则会失去了血气方刚的大丈夫。

《象》曰:"系小子",弗兼与也。

译文 《象传》说:"倾心随从于年轻小子",说明六二因小失大,大与小不可兼得。

六三,系丈夫,失小子。随有求得,利居贞。

译文 六三,随从血气方刚的大丈夫行事,则失去年轻小子。随从于丈夫,有求必得,有利于安居乐业,守持正固。

《象》曰:"系丈夫",志舍下也。

译文 《象传》说:"随从血气方刚的大丈夫行事",说明六三的意志是舍弃下面的年轻小子。

九四,随有获,贞凶。有孚在道,以明,何咎!

译文 九四,被人追随,虽有收获,但有可能发生凶险。虽有凶险,但只要守诚信,不违正道,光明磊落,那又有什么危害呢!

《象》曰:"随有获",其义凶也。"有孚在道",明功也。

译文 《象传》说:"被人追随,虽有收获",但因居位不当,所以可能有凶险。"守诚信,不违正道",就可逢凶化吉,这是立身光明磊落所带来的功效。

九五,孚于嘉,吉。

译文 九五,把诚信带给美好善良之人,可获吉祥。

《象》曰:"孚于嘉,吉",位正中也。

译文 《象传》说:"把诚信带给美好善良之人,可获吉祥",这是因为九五位正居中,不偏不倚。

上六,拘系之,乃从,维之。王用亨于西山。

译文 上六,只有拘禁起来,强迫命令他,他才顺服追随,再用绳索捆绑紧,他才能追随到底。君王在西山设祭,要出师讨伐那些不顺从的人。

《象》曰:"拘系之",上穷也。

译文 《象传》说:"拘禁起来,强迫命令他",这是因为上六高居《随》卦最上爻,随从之道穷尽。

第十八卦

山风蛊

蛊：元亨，利涉大川。先甲三日，后甲三日。

译文 《蛊》卦象征救弊治乱，拨乱反正：至为亨通，有利于涉越大河。不过，在做事时，要以甲前三日（辛日），甲后三日（丁日）为宜。

《彖》曰：蛊，刚上而柔下，巽而止，蛊。蛊，元亨而天下治也。"利涉大川"，往有事也。"先甲三日，后甲三日"，终则有始，天行也。

译文 《彖传》说：救弊治乱，阳刚居上位而阴柔居下位，谦逊恭顺而能够息止，所以为蛊。救弊治乱，至为亨通而天下大治。"利于涉越大河"，即使遇急流险滩也能涉渡过去。"甲前三日（辛日），甲后三日（丁日）"，终结后又重新开始,这是天地运行的规律。

《象》曰:山下有风,《蛊》;君子以振民育德。

译文 《象传》说:《蛊》卦为山下起大风之象,象征救弊治乱、拨乱反正。这时候,君子要救济人民,培育道德。

初六,干父之蛊,有子考,无咎,厉终吉。

译文 初六,挽救父亲所败坏了的基业,儿子能成就先业,必无危害,即使遇到艰难险阻,只要努力奋斗,最终必获吉祥。

《象》曰:"干父之蛊",意承考也。

译文 《象传》说:"挽救父亲所败坏了的基业",表明其志在于继承先辈的遗业。

九二,干母之蛊,不可贞。

译文 九二,救治母亲所造成的弊病,不可过于固执地刚直,要学会委曲周旋。

《象》曰:"干母之蛊",得中道也。

译文 《象传》说:"救治母亲所造成的弊病",要掌握刚柔适中的方法,既要顺应,又要匡救。

九三,干父之蛊,小有悔,无大咎。

译文 九三,要挽救父亲所败坏了的基业,其间会发生一些小摩擦,因而产生懊悔,但不会有大的危害。

《象》曰:"干父之蛊",终无咎也。

译文 《象传》说:"挽救父亲所败坏了的基业",最终不会有危害。

六四,裕父之蛊,往见吝。

译文 六四,宽缓不急地挽救父亲所败坏了的基业,继续发展,会因耽误时机遗憾惋惜。

《象》曰:"裕父之蛊",往未得也。

译文 《象传》说:"宽缓不急地挽救父亲所败坏了的基业",继续发展,难以达到挽救的结果。

六五，干父之蛊，用誉。

译文 六五，挽救父亲所败坏了的基业，会受到人们的赞誉。

《象》曰：干父用誉，承以德也。

译文 《象传》说：挽救父亲所败坏了的基业，会受到人们的赞誉，说明六五用美德来继承父亲的遗业。

上九，不事王侯，高尚其事。

译文 上九，不侍奉王侯，使自己的德行至高无上。

《象》曰："不事王侯"，志可则也。

译文 《象传》说："不侍奉王侯"，这高洁的志向，可以成为人们学习的准则。

第十九卦

地泽临

临： 元亨，利贞。至于八月有凶。

译文　《临》卦象征督导：至为亨通，利于坚守正道。到了八月（阴盛阳衰）时，会有凶险。

《彖》曰：临，刚浸而长，说而顺，刚中而应。大亨以正，天之道也。"至于八月有凶"，消不久也。

译文　《彖传》说：督导，阳刚逐渐增长，和悦而顺从，阳刚居中而上下相应。至为亨通仍守其正，这是天之道！"到了八月会有凶险"，因为刚刚消退的阴气不久之后又会回来。

《象》曰：泽上有地，临；君子以教思无穷，容保民无疆。

译文 《象传》说:《临》卦为地在泽上之象。泽上有地,地居高而临下,象征督导。君子由此受到启发,费尽无穷思虑教导人民,并以其宽广包容的美德保护人民。

初九,咸临,贞吉。

译文 初九,感应尊者使其行督导之责,可获吉祥。

《象》曰:"咸临,贞吉",志行正也。

译文 《象传》说:"感应尊者使其行督导之责,可获吉祥",说明其意志和行为都很端正。

九二,咸临,吉,无不利。

译文 九二,感应尊贵者使其行督导之责,可获吉祥,不会有什么不利。

《象》曰:"咸临,吉,无不利",未顺命也。

译文 《象传》说:"感应尊者使其行督导之责,可获吉祥,不会有什么不利",这是不甘于命运的安排、不顺从上命,自身努力的结果。

六三,甘临,无攸利;既忧之,无咎。

译文 六三,靠甜言蜜语去督导,必无所利;如果已经觉悟,能忧惧过失而改正,就不会有灾祸。

《象》曰:"甘临",位不当也。"既忧之",咎不长也。

译文 《象传》说:"靠甜言蜜语去督导",这是因为六三位置不当。"已经觉悟,能忧惧过失而改正",灾祸就不会长久了。

六四,至临,无咎。

译文 六四,亲自督导下级,则必然没有祸害。

《象》曰:"至临,无咎",位当也。

译文 《象传》说:"亲自督导下级,则必然没有祸害",这是因为六四位置恰当。

六五,知临,大君之宜,吉。

译文 六五,以聪明智慧来实行督导,这是伟大君主最适宜的统治之道,能获得吉祥。

《象》曰:"大君之宜",行中之谓也。

译文 《象传》说:"以聪明智慧来实行督导,这是伟大君主最适宜的统治之道",说的就是行中和之道。

上六,敦临,吉,无咎。

译文 上六,温柔敦厚地实行督导,能获得吉祥,没有灾祸。

《象》曰:敦临之吉,志在内也。

译文 《象传》说:温柔敦厚地实行督导,能获得吉祥,说明其志向在内部。

第二十卦

风地观

观：盥而不荐，有孚颙若。

译文 《观》卦象征瞻仰：瞻仰了祭祀开始时盛大的倾酒灌地的降神仪式，就可以不去看后面的献飨之礼了，因为这时心中已经充满了诚敬肃穆的情绪。

《彖》曰：大观在上，顺而巽，中正以观天下，观。"盥而不荐，有孚颙若"，下观而化也。观天之神道，而四时不忒；圣人以神道设教，而天下服矣。

译文 《彖传》说：宏大壮观的气象呈现在崇高之处，温顺而逊让，居中得正而观天下，故为观。"瞻仰了祭祀开头盛大的倾酒灌地的降神仪式，就可以不去看后面的献飨之礼了，因为这时心中已经充满了诚敬肃穆的情绪"，在下者通过仰观而受到感化。观察天之神道,而四季更替不出差错;圣人借助神道来设立教化,天下万民顺服。

《象》曰:风行地上,《观》;先王以省方,观民,设教。

译文 《象传》说:《观》卦的卦象为风吹拂于地上而遍及万物,象征瞻仰。先代君王观此象则仿效这种精神,巡视四方,观察民风民俗,用教育来感化民众。

初六,童观,小人无咎,君子吝。

译文 初六,像幼稚的儿童一样去仰观事物,这对无知的民众来说,不会有害处,但对担任教化之责的君子来说,就会有所憾惜。

《象》曰:初六"童观",小人道也。

译文 《象传》说:初六"像幼稚的儿童一样观察事物",这是小人的浅薄之道。

六二,窥观,利女贞。

译文 六二,由门缝中偷观事物,利于妇女保持节操，坚守正道。

《象》曰:"窥观""女贞",亦可丑也。

译文 《象传》说:"由门缝中偷观事物""妇女保持节操,坚守正道",但对男子来说,这样的行为就出丑了。

六三,观我生,进退。

译文 六三,受人观仰并对照高尚的道德标准来省察自己的言行,小心谨慎地决定进退。

《象》曰:"观我生,进退",未失道也。

译文 《象传》说:"受人观仰并对照高尚的道德标准来省察自己的言行,小心谨慎地决定进退",这样做是不失正确的瞻仰原则的。

六四,观国之光,利用宾于王。

译文 六四,瞻仰一个国家的光辉景象,有利于成为君王的宾客和辅佐之臣。

《象》曰:"观国之光",尚宾也。

译文 《象传》说:"瞻仰一个国家的光辉景象",说明此国崇尚贤士。

九五,观我生,君子无咎。

译文 九五,受人观仰并对照高尚的道德标准省察自己的言行,君子就不会有祸患。

《象》曰:"观我生",观民也。

译文 《象传》说:"受人观仰并对照高尚的道德标准审察自己的言行",便可以察知民风。

上九,观其生,君子无咎。

译文 上九,时刻瞻仰君主的德行,并按照君主的德行行事,这样君子就不会有灾祸。

《象》曰:"观其生",志未平也。

译文 《象传》说:"时刻瞻仰君主的德行",说明君子心中志向未平。

第二十一卦

火雷噬嗑

☲☳

噬嗑：亨，利用狱。

译文　《噬嗑》卦象征咬合：亨通，有利于施用刑法。

《彖》曰：颐中有物，曰噬嗑。噬嗑而亨，刚柔分，动而明，雷电合而章。柔得中而上行，虽不当位，"利用狱"也。

译文　《彖传》说：腮中有东西，叫作噬嗑。咬合而能亨通，阳刚阴柔分开，动而显明，就像雷电相合而不错乱故得彰明。阴柔得中位而向上行进，虽然它所处的爻位并不恰当，但"有利于施用刑法"。

《象》曰：雷电，噬嗑；先王以明罚敕法。

译文 《象传》说:《噬嗑》卦为雷电交击之象。雷电交击,就像咬合一样;古代帝王观此象则效法这一现象,明其刑罚,修正法令。

初九,屦校灭趾,无咎。

译文 初九,脚上戴着刑具而伤到了脚趾,不至于有祸患。

《象》曰:"屦校灭趾",不行也。

译文 《象传》说:"脚上戴着刑具而伤到了脚趾",受到警戒,使其不至于再犯过失。

六二,噬肤,灭鼻,无咎。

译文 六二,像咬啮皮肤一样施刑顺利,即使把犯人鼻子削掉,也不会有灾难。

《象》曰:"噬肤,灭鼻",乘刚也。

译文 《象传》说:"像咬啮皮肤一样施刑顺利,削掉犯人的鼻梁",说明六二乘于阳刚之上。

六三,噬腊肉,遇毒;小吝,无咎。

译文 六三,像吃干肉中毒一样施刑不顺;这样做只是稍有憾惜,但没灾祸。

《象》曰:"遇毒",位不当也。

译文 《象传》说:"像吃干肉中毒一样施刑不顺",这是因为六三位置不正当。

九四,噬干胏,得金矢;利艰贞,吉。

译文 九四,像吃带骨头的干肉一样施刑不顺,这时需要保持刚正不阿的执法精神,并在艰难中坚守正道,结果自然会吉利。

《象》曰:"利艰贞吉",未光也。

译文 《象传》说:"宜于艰难中守正则吉利",那是因为法治还需继续发扬光大。

六五,噬干肉,得黄金;贞厉,无咎。

译文 六五,像吃干肉一样施刑不太顺利,但它具备黄金似的坚毅精神；守持正固以防危险，就不会有灾难。

《象》曰："贞厉，无咎"，得当也。

译文 《象传》说："守持正固以防危险，就不会有灾难"，这是因为实施刑法得当。

上九，何校灭耳，凶。

译文 上九，肩负遮灭耳朵的木枷，有凶险。

《象》曰："何校灭耳"，聪不明也。

译文 《象传》说："肩负遮灭耳朵的木枷"，听不清楚了，说明上九积恶不改，这是极不明智的。

第二十二卦

山火贲

䷕

贲:亨,小利有攸往。

译文 《贲》卦象征文饰:亨通,柔小者利于前去行事。

《彖》曰:贲,亨,柔来而文刚,故亨;分刚上而文柔,故小利有攸往。[刚柔交错,]天文也;文明以止,人文也。观乎天文,以察时变;观乎人文,以化成天下。

译文 《彖传》说:贲,亨通,用阴柔来文饰阳刚,所以亨通;分出阳刚居上文饰阴柔,所以柔小者利于前去行事。[刚柔相互交错,]这是天文;文饰鲜明而知止,这是人文。观察天文,可以察知时节变化规律;观察人文,可以成功教化天下。

《象》曰：山下有火，贲；君子以明庶政，无敢折狱。

译文 《象传》说：《贲》卦为山下燃烧着火焰之象。山下火焰把山上万物照耀，如同披彩，这就叫文饰。君子据此办理一般事务，使众多的政务清明，但却不能用文饰的方法来断官司。

初九，贲其趾，舍车而徒。

译文 初九，文饰自己的脚趾头，放弃乘车而徒步行走。

《象》曰："舍车而徒"，义弗乘也。

译文 《象传》说："放弃乘车而徒步行走"，这是说明不该乘坐车马。

六二，贲其须。

译文 六二，文饰尊者的胡须。

《象》曰："贲其须"，与上兴也。

译文 《象传》说："文饰尊者的胡须"，是说六二与它上面的九三同心而互饰。

九三，贲如，濡如，永贞吉。

译文 九三，文饰得光泽柔润，永远坚守正道，便可获得吉祥。

《象》曰：永贞之吉，终莫之陵也。

译文 《象传》说：永远坚守正道可获得吉祥，说明九三能做到这样就能永远不受人凌侮。

六四，贲如，皤如，白马翰如；匪寇，婚媾。

译文 六四，文饰得那样素雅，全身洁白如玉，乘坐着一匹雪白的骏马，像鸟高飞一样奔驰；前方的人并非敌寇，而是求聘婚配的佳人。

《象》曰：六四当位，疑也；"匪寇，婚媾"，终无尤也。

译文 《象传》说：六四虽当位得正，但心中却疑虑重重；"前方的人并非敌寇，而是求聘婚配的佳人"，说明不用疑虑,最终将不会有过错。

六五,贲于丘园,束帛戋戋;吝,终吉。

译文 六五,文饰山丘陵园,再拿一束微薄的丝绢(来聘纳贤士);虽然有些遗憾,但最终还是吉祥的。

《象》曰:六五之吉,有喜也。

译文 《象传》说:《贲》卦的六五吉祥,说明会有喜事临门。

上九,白贲,无咎。

译文 上九,文饰素白,没有灾祸。

《象》曰:"白贲,无咎",上得志也。

译文 《象传》说:"文饰素白,没有灾祸",说明上九正符合质素自然的志向。

第二十三卦

山地剥

剥：不利有攸往。

译文 《剥》卦象征剥落：不宜有所行动。

《彖》曰：剥，剥也，柔变刚也。"不利有攸往"，小人长也。顺而止之，观象也。君子尚消息盈虚，天行也。

译文 《彖传》说：剥，剥落，阴柔不断侵蚀而改变阳刚的本质。"不宜有所行动"，说明小人之道正盛长。顺从天道而抑止小人之道，这是观察天象而得知的。君子崇尚阴阳的生长盛衰之理，这是顺天而行。

《象》曰：山附于地，剥；上以厚下安宅。

译文 《象传》说：《剥》卦为高山受侵蚀而风化，逐渐接近于地面之象，象征剥落；在上位的人看到这一现象，应当加强基础，使它更加厚实。

初六，剥床以足，蔑，贞凶。

译文 初六，剥落床体先由床的最下方，即床腿部位开始，以致整个床腿都损坏了，守持正固以防凶险。

《象》曰："剥床以足"，以灭下也。

译文 《象传》说："剥落床体先由床的最下方床腿部位开始"，是说先损毁床的基础。

六二，剥床以辨，蔑，贞凶。

译文 六二，床腿剥掉后，又开始剥落床头，以致整个床头都剥落了，守持正固以防凶险。

《象》曰："剥床以辨"，未有与也。

译文 《象传》说："床腿剥掉后，又开始剥落床头"，是因为没有外援，所以导致凶险发生。

六三，剥之，无咎。

译文 六三，虽被剥落，却没有什么灾祸。

《象》曰："剥之，无咎"，失上下也。

译文 《象传》说："虽被剥落，却没有什么灾祸"，是因为六三脱离了上下阴爻的行列，而独与上九这个阳爻相应，摆脱了上下，所以仍然可以免去灾祸。

六四，剥床以肤，凶。

译文 六四，床头剥落完了，又开始剥落床面，这样会有凶险发生。

《象》曰："剥床以肤"，切近灾也。

译文 《象传》说："床头剥落完了，又开始剥落床面"，说明六四已经迫近灾祸了。

六五，贯鱼，以宫人宠，无不利。

译文 六五，鱼贯而入，引领内官之人依次受到君主宠爱，就不会有什么不利的情况发生。

《象》曰:"以宫人宠",终无尤也。

译文 《象传》说:"引领内官之人依次受到君主宠爱",最终不会有什么过失。

上九,硕果不食,君子得舆,小人剥庐。

译文 上九,硕大的果实不曾被摘取吃掉,若为君子摘食,则如同坐上大车,受到百姓拥戴;如果被小人摘食,则必然招致庇护万民的房屋被剥落。

《象》曰:"君子得舆",民所载也;"小人剥庐",终不可用也。

译文 《象传》说:"若为君子摘食,则如同坐上大车",是由于百姓愿意拥戴君子;"如果被小人摘食,则必招致庇护万民的房屋被剥落",是由于小人终究是不可以任用的。

第二十四卦

地雷复

☷☳

复：亨。出入无疾，朋来无咎。反复其道，七日来复。利有攸往。

译文 《复》卦象征复归：亨通。阳气内生外长无疾病，朋友来也没灾难危害。返回复归有特定的规律，过不了七天就来归于初。利于前去行事。

《彖》曰：复亨，刚反。动而以顺行，是以"出入无疾，朋来无咎"。"反复其道，七日来复"，天行也。"利有攸往"，刚长也。复，其见天地之心乎！

译文 《彖传》说：回复而亨通，说明阳刚返回。运动时顺势而行，所以"阳气内生外长没有疾病，朋友来也没有危害"。"往来反复其道，过不了七日而来归于初"，这是天道的运行规律。"利于前去行事"，说明阳刚盛长。从《复》卦中可以察知天地运行的规律啊！

《象》曰：雷在地中，《复》；先王以至日闭关，商旅不行，后不省方。

译文 《象传》说：《复》卦为雷在地中、阳气复归之象；从前的君主在冬至这一天闭关静养，商人旅客停止活动，君主自己也不巡视四方。

初九，不远复，无祗悔，元吉。

译文 初九，刚刚开始行动，就复归正道，这样就不会发生灾祸，也不会产生悔恨，会大吉大利。

《象》曰：不远之复，以修身也。

译文 《象传》说：刚刚开始行动，就复归正道，说明能修正其身，有过则改。

六二，休复，吉。

译文 六二，有了失误能够及时休止，复归正道，吉利。

《象》曰：休复之吉，以下仁也。

译文 《象传》说：失误能够及时休止，复归正道，吉利，说明六二能够向下亲近有仁德的人。

六三，频复，厉无咎。

译文 六三，屡次犯错误却又能屡次改正过错，复归正道，这样虽然有危险，但最终不会有灾祸。

《象》曰：频复之厉，义无咎也。

译文 《象传》说：屡次犯错误却又能屡次改正过错，复归正道，这样的危险，最终不会导致灾祸。

六四，中行独复。

译文 六四，位居阴爻的正中，而应于初九，所以能够独自复归正道。

《象》曰："中行独复"，以从道也。

译文 《象传》说："位居阴爻的正中，独自复归正道"，说明六四追随正道。

六五，敦复，无悔。

译文 六五，敦厚忠实地复归正道，不会后悔。

《象》曰："敦复，无悔"，中以自考也。

译文 《象传》说："敦厚忠实地复归正道，不会后悔"，说明六五虽然远离阳刚，却能够居中不偏，反省自己的言行，促成自己返回正道。

上六，迷复，凶，有灾眚。用行师，终有大败；以其国，君凶，至于十年不克征。

译文 上六，犯了错误，却仍然执迷不悟，不知复归正道，这样必然凶险有灾难。在这种情况下，如果出兵作战，最终将会大败；如果治国理政，必致国君遇到凶险，以致很长时间都不能出兵征战。

《象》曰：迷复之凶，反君道也。

译文 《象传》说："犯了错误，却仍然执迷不悟，不知复归正道而产生的凶险"，是由于违背了君王正道。

第二十五卦

天雷无妄

无妄：元亨，利贞。其匪正有眚，不利有攸往。

译文 《无妄》卦象征不妄动妄求：极为亨通顺利，利于坚守正道。不守正道就会发生灾祸，不利于有所前往。

《彖》曰：无妄，刚自外来而为主于内，动而健，刚中而应，大亨以正，天之命也。"其匪正有眚，不利有攸往"，无妄之往，何之矣？天命不佑，行矣哉？

译文 《彖传》说：不妄动妄求，阳刚（初九）自外卦来而作为内卦之主，震动而刚健，九五爻阳刚居中与六二爻相应，因为坚守正道所以有大的亨通，这是天的教命啊！"不坚守正道就会发生灾祸，不利有所前往"，在不可妄动时行动,能去哪里呢?天命不佑助,岂敢妄行?

《象》曰:天下雷行,物与无妄;先王以茂对时育万物。

译文 《象传》说:天下有雷运行,象征着天用雷的威势警戒万物,使万物不妄动;从前的君主观此卦,尽其所能地遵循天时以养育万物。

初九,无妄,往吉。

译文 初九,只要抱着不妄动妄求的态度,以此前去行事就会获得吉祥。

《象》曰:无妄之往,得志也。

译文 《象传》说:不妄动妄求地前去行事,是说这样就可以实现志向。

六二,不耕获,不菑畲,则利有攸往。

译文 六二,不耕作所以不期望获得丰收,不开垦荒地所以不期望它立即变成良田。能够做到这样,就利于前去行事。

《象》曰:"不耕获",未富也。

译文 《象传》说:"不耕作所以不期望获得丰收",是说不企求获得非分的财富。

六三,无妄之灾,或系之牛,行人之得,邑人之灾。

译文 六三,不妄为而遭受灾祸,好比有人把一头牛拴在村边的道路旁,路过的人把牛牵走,而村里的人却被冤为偷牛之人而受到灾难。

《象》曰:行人得牛,邑人灾也。

译文 《象传》说:路过的人顺手把牛牵走,村里的人却因此而蒙受不白之冤。

九四,可贞,无咎。

译文 九四,能够坚守正道,所以没有灾祸。

《象》曰:"可贞,无咎",固有之也。

译文 《象传》说:"能够坚守正道,所以没有灾祸",说明坚守正道的品德是本身所固有的。

九五,无妄之疾,勿药有喜。

译文 九五,不妄动妄求却偶染疾病,这种疾病不需用药医治便会自愈。

《象》曰:无妄之药,不可试也。

译文 《象传》说:不妄动妄求却身染疾病,这种疾病不需用药医治,是说药是不可以轻易尝试使用的。

上九,无妄,行有眚,无攸利。

译文 上九,虽然不妄动妄求,但仍然不宜于行动,如果勉强地行动,就会遭受灾祸,没有什么利益。

《象》曰:无妄之行,穷之灾也。

译文 《象传》说:虽然没有妄为,但如果有行动,将会由于位处穷极无可行之路而招致灾祸。

第二十六卦

山天大畜

䷙

大畜：利贞；不家食，吉，利涉大川。

译文 《大畜》卦象征大量的畜养积聚：利于守持正固；不在家坐食，吉利；利于涉越大河。

《彖》曰：大畜，刚健笃实辉光，日新其德。刚上而尚贤，能止健，大正也。"不家食，吉"，养贤也。"利涉大川"，应乎天也。

译文 《彖传》说：大畜，刚健，笃实而光辉，日日增新其德。阳刚在上而崇尚贤人，能使刚健停止，这就是极大的正道。"不让贤人在家坐食，吉利"，这是尊养贤士。"利于涉越大河"，这是能够顺应天道。

周易

《象》曰:天在山中,大畜;君子以多识前言往行,以畜其德。

译文 《象传》说:《大畜》卦为天被包含在山中之象,象征大量的畜养积聚;君子效法这一精神,应当努力学习和领会前代圣人君子的言论驱使自己往前发展,以此充实自己,培养自己的品德。

初九,有厉,利已。

译文 初九,前进有危险,这时只有暂时停下来才会对自己有利。

《象》曰:"有厉,利已",不犯灾也。

译文 《象传》说:"前进有危险,这时只有暂时停下来才会对自己有利",是说不可冒着灾难风险前进。

九二,舆说輹。

译文 九二,车子脱去轮輹,不再前进。

《象》曰:"舆说輹",中无尤也。

译文 《象传》说:"车子脱去轮辐,不再前进",说明九二能够居中不贸然前进、自度内省,自动停止不前,所以不会有过失。

九三,良马逐,利艰贞。曰闲舆卫,利有攸往。

译文 九三,骏马奔驰追逐,要警惕前进道路上的各种艰难并且坚守正道。娴熟地掌握驾车和防卫的本领,就利于出行。

《象》曰:"利有攸往",上合志也。

译文 《象传》说:"利于出行",是因为九三与上九志同道合。

六四,童牛之牿,元吉。

译文 六四,给头上尚未长角的小牛装上一块横木(以防止它长出角后顶人),大吉大利。

《象》曰:六四"元吉",有喜也。

译文 《象传》说:六四"大吉",是因为能够抑止刚健,防患于未然,因而是可喜的。

六五,豶豕之牙,吉。

译文 六五,制约阉割过的猪的尖牙,吉利。

《象》曰:六五之吉,有庆也。

译文 《象传》说:六五之所以吉祥,是因为能够抓住问题的关键,从根本上进行处理,是值得庆贺的。

上九,何天之衢,亨。

译文 上九,多么畅通无阻的天街大道,必然亨通。

《象》曰:"何天之衢",道大行也。

译文 《象传》说:"多么畅通无阻的天街大道",是说上九"畜德"之道已成,正道得以顺利通行。

第二十七卦

山雷颐

颐：贞吉；观颐，自求口实。

译文 《颐》卦象征颐养：坚守正道能获得吉祥；通过观察事物的颐养现象，为自己谋取口中食物。

《彖》曰：颐，"贞吉"，养正则吉也。"观颐"，观其所养也。"自求口实"，观其自养也。天地养万物，圣人养贤以及万民。颐之时大矣哉！

译文 《彖传》说：颐养，"坚守正道能获得吉祥"，颐养正道才能获得吉祥。"观察事物的颐养现象"，是观察其所养之人。"为自己谋取口中食物"，是通过观察领会自己的谋生之路。天地养育万物，圣人养育贤士以及万民。颐养之时所包含的意义实在是太大了！

《象》曰：山下有雷，颐；君子以慎言语，节饮食。

译文 《象传》说：《颐》卦为雷在山下震动之象，引申为咀嚼食物时上颚静止、下颚活动的状态，因而象征颐养；君子应当言语谨慎，节制饮食。

初九，舍尔灵龟，观我朵颐，凶。

译文 初九，舍弃你如同神龟般的灵性，痴呆地看着我鼓动腮颊进食，结果凶险。

《象》曰："观我朵颐"，亦不足贵也。

译文 《象传》说："痴呆地看着我鼓动腮颊进食"，是说初九保养身体的方法不值得推崇。

六二，颠颐，拂经，于丘颐，征凶。

译文 六二，颠倒过来向下面的人乞求食物以获取奉养，是违背常理的，向高丘处的尊者乞食索求颐养，则前进的途中会遭遇凶险。

《象》曰：六二"征凶"，行失类也。

译文 《象传》说：六二"前进的途中会遭遇凶险"，说明前进的途中没有相伴的同类。

六三，拂颐，贞凶，十年勿用，无攸利。

译文 六三，违背颐养的常理，持守正固以防凶险，十年之久不被任用，要是被任用必将无所获利。

《象》曰："十年勿用"，道大悖也。

译文 《象传》说："十年之久不可被任用"，是因为它与颐养的正道相悖，严重违背了颐养的原则和方法。

六四，颠颐，吉；虎视眈眈，其欲逐逐，无咎。

译文 六四，反过来向下面的人乞求食物以获取奉养，可以获得吉祥；因为这就像老虎要扑食那样，紧紧盯着，迫切想要满足欲望，没有什么灾祸。

《象》曰：颠颐之吉，上施光也。

译文 《象传》说：反过来向下面乞求食物而获得吉祥，是因为六四位居在上，与初九相应，同时又能坚守正道，能够由上而下普遍地施与光明恩德。

六五，拂经，居贞，吉，不可涉大川。

译文 六五，违背颐养的正道，安居守持正固，结果吉祥，但不能够涉越大河。

《象》曰：居贞之吉，顺以从上也。

译文 《象传》说：安居守持正固可获吉祥，是因为能够顺从有阳刚之美的上九。

上九，由颐；厉吉，利涉大川。

译文 上九，天下百姓依赖他的养育而得以安居乐业；必须心知危险、有所戒惧才能获得吉祥。也只有这样才能排除万难，利于涉越大河。

《象》曰："由颐，厉吉"，大有庆也。

译文 《象传》说："天下百姓依赖他的养育而得以安居乐业，必须心知危险、有所戒惧才能获得吉祥"，说明上九会有特别值得庆祝的事。

第二十八卦

泽风大过

大过：栋桡；利有攸往，亨。

译文 《大过》卦象征极为过分：房屋的栋梁受重压而弯曲；此时必须前往，有所作为，才能亨通。

《彖》曰："大过"，大者过也。"栋桡"，本末弱也。刚过而中，巽而说行。"利有攸往"，乃亨。大过之时大矣哉。

译文 《彖传》说："极为过分"，是刚强过甚。"房屋的栋梁受重压而弯曲"，因为本与末皆柔弱。阳刚过盛而不失中道，和顺喜悦地行动。"利于有所往"，这样才能亨通。大过之时的含义实在太大了！

《象》曰:泽灭木,大过;君子以独立不惧,遁世无闷。

译文 《象传》说:《大过》卦为水泽淹没树木之象,象征极为过分;君子效法这一现象,就应当坚持自己的操守,不依靠外力自行其是,不畏惧非议;即便隐姓埋名超然出世,也没有任何苦闷烦恼。

初六,藉用白茅,无咎。

译文 初六,将白色的茅草衬垫在礼器的下面,使它更加稳妥,所以不会有灾祸。

《象》曰:"藉用白茅",柔在下也。

译文 《象传》说:"将白色的茅草衬垫在礼器的下面",是说初六柔顺居下,行为谨慎,所以不会发生什么灾祸。

九二,枯杨生稊,老夫得其女妻,无不利。

译文 九二,已经干枯的杨树又发出新的枝芽,老年男子娶了一位年轻的妻子,没有什么不利的。

《象》曰:"老夫""女妻",过以相与也。

译文 《象传》说:"老年男子娶了一位年轻的妻子",说明虽然阳刚过盛,但由于能够刚柔相济,所以没有什么不利的。

九三,栋桡,凶。

译文 九三,房屋的栋梁受到重压而弯曲,有危险。

《象》曰:栋桡之凶,不可以有辅也。

译文 《象传》说:房屋的栋梁受重压而弯曲产生危险,是因为九三过于阳刚,不能再对它加以辅助。

九四,栋隆,吉;有它,吝。

译文 九四,房屋的栋梁向上隆起平复,可以获得吉祥;但九四与初六正应,有所牵累,所以将有悔惜。

《象》曰:栋隆之吉,不桡乎下也。

译文 《象传》说:房屋的栋梁向上隆起平复获得吉祥,是因为九四本身能使栋梁不再向下弯曲。

九五,枯杨生华,老妇得其士夫,无咎无誉。

译文 九五,已经干枯的杨树重新又盛开鲜花,已经衰老的妇人嫁给了强壮的男子,这种现象既不会遇到什么祸害,也没有什么值得称誉的。

《象》曰:"枯杨生华",何可久也?"老妇""士夫",亦可丑也。

译文 《象传》说:"已经枯萎的杨树重新又盛开鲜花",又怎么可以长久保持下去呢?"已经衰老的妇人嫁给了强壮的男子",这会令人感到羞耻。

上六,过涉灭顶,凶,无咎。

译文 上六,涉越深水时淹没了头顶,就会发生凶险,但最终不会有灾祸。

《象》曰:过涉之凶,不可咎也。

译文 《象传》说:涉越深水时淹没了头顶发生凶险,但如果能及时补救,最终虽然凶险但不会有灾祸。

第二十九卦

坎为水

☵

习坎：有孚，维心亨，行有尚。

译文 《坎》卦象征重重艰险：只有胸怀诚信，内心才能不畏艰险而获得亨通，努力前进必然被人们所崇尚。

《彖》曰："习坎"，重险也。水流而不盈，行险而不失其信。"维心亨"，乃以刚中也。"行有尚"，往有功也。天险，不可升也；地险，山川丘陵也。王公设险以守其国。险之时用大矣哉。

译文 《彖传》说："习坎"，意思是说有双重危险。水流动而不满溢，行走在危险中而不失诚信。"内心不畏艰险而获得亨通"，这是因为阳刚居中。"努力前行必被崇尚"，说明前往能够立功。天险，不能够升上去；地险，是指山川丘陵。王公效法天地设置险阻,以此来守卫自己的国家。坎险之时的功用实在是太大啦!

《象》曰:水洊至,习坎;君子以常德行,习教事。

译文 《象传》说:《坎》卦为水流之象。流水相继而至、潮涌而来,所以象征重重的艰险困难;君子据此应当坚持美德,反复地推进教化民众的事业。

初六,习坎,入于坎窞,凶。

译文 初六,面临重重的艰险困难,落入到陷坑的最深处,有凶险。

《象》曰:"习坎"入坎,失道凶也。

译文 《象传》说:"面临重重的艰险困难",落入到陷坑的最深处,是因为不能坚守正道,所以遭遇凶险。

九二,坎有险,求小得。

译文 九二,仍然处在陷坑之中,面临危险,从小处谋求脱险会有所得。

《象》曰:"求小得",未出中也。

译文 《象传》说:"从小处谋求脱险会有所得",是因为没有脱离中道。

六三,来之坎坎,险且枕,入于坎窞,勿用。

译文 六三,往来进退都处在重重陷坑之间,在这种情况下应伏枕以待,不要有所作为,否则又要落入险陷的最底下,所以不要轻举妄动。

《象》曰:"来之坎坎",终无功也。

译文 《象传》说:"往来进退都处在重重陷坑之间",说明六三再怎么折腾也无法走出困境。

六四,樽酒,簋贰,用缶,纳约自牖,终无咎。

译文 六四,只需要一杯酒,两碗饭,然后用瓦缶盛着从窗户中进献,以此俭约之物为礼最终不会有灾祸。

《象》曰:"樽酒,簋贰",刚柔际也。

译文 《象传》说:只需要"一杯酒、两碗饭",是说九五阳刚和六四阴柔两相交际而相亲,刚柔相济,所以以此俭约之物为礼。

九五,坎不盈,祗既平,无咎。

译文 九五,奔流的水还未溢出陷坑,然而小丘却已经被冲平了,所以不会有灾害。

《象》曰:"坎不盈",中未大也。

译文 《象传》说:"奔流的水还未溢出陷坑",说明九五虽居中但平险之功尚未光大。

上六,系用徽纆,置于丛棘,三岁不得,凶。

译文 上六,被绳索牢牢地捆绑住,投入荆棘丛生的牢狱中,长达三年不能解脱,有凶险。

《象》曰:上六失道,凶三岁也。

译文 《象传》说:上六没有坚守正道,所以遭受三年的凶险。

第三十卦

离为火

离：利贞，亨；畜牝牛吉。

译文 《离》卦象征依附：利于坚守正道，亨通；畜养柔顺的母牛会获得吉祥。

《彖》曰：离，丽也。日月丽乎天，百谷草木丽乎土，重明以丽乎正，乃化成天下；柔丽乎中正，故亨，是以畜牝牛吉也。

译文 《彖传》说：离，为依附。太阳月亮依附于天，百谷草木依附于地，光明重叠而依附于正道，这样就化育出天下万物；阴柔依附于中正之道，所以亨通，因此畜养母牛会获得吉祥。

《象》曰：明两作，离；大人以继明照于四方。

译文 《象传》说：《离》卦为光明接连升起之象，象征依附。大人效法这一现象，也应当连续不断地用光明的美德普照四方。

初九，履错然，敬之，无咎。

译文 初九，行事小心谨慎，态度恭敬慎重，结果没有发生什么灾祸。

《象》曰：履错之敬，以辟咎也。

译文 《象传》说：行事小心谨慎，态度恭敬慎重，主要是为了避免灾祸的发生。

六二，黄离，元吉。

译文 六二，依附在黄色土地上，就可以获得大吉大利。

《象》曰："黄离，元吉"，得中道也。

译文 《象传》说："依附在黄色土地上，就可以获得大吉大利"，是因为黄为中央正色，说明六二得到中正之道，才有这样好的结果。

九三，日昃之离，不鼓缶而歌，则大耋之嗟，凶。

译文 九三，太阳将要落下，好比人生已入老年，这时如果不能敲着乐器高唱着欢度晚年，就难免会不断地发出老年的哀叹，这样必然凶多吉少。

《象》曰："日昃之离"，何可久也！

译文 《象传》说："太阳将要落下，好比人生已步入老年"，怎么能长久呢！

九四，突如其来如，焚如，死如，弃如。

译文 九四，突然间发出万道光芒，像烈火在燃烧，但很快又烟消云散，不复存在，被弃除干净。

《象》曰："突如其来如"，无所容也。

译文 《象传》说："突然间发出万道光芒"，说明九四的虚势必将无处依附容纳。

六五,出涕沱若,戚嗟若,吉。

译文 六五,眼泪不停地涌出像下雨一样,忧愁悲伤地叹息,但由于所依附的在尊位,所以将会获得吉祥。

《象》曰:六五之吉,离王公也。

译文 《象传》说:六五之所以能够获得吉祥,是由于它依附在王公的尊位上。

上九,王用出征,有嘉折首,获匪其丑,无咎。

译文 上九,君主出兵征伐,建功立业,获得美誉,斩杀敌方首级,捕获不愿归附者,没有灾祸。

《象》曰:"王用出征",以正邦也。

译文 《象传》说:"君主出兵征伐",是为了安定国家,治理天下。

下经

第三十一卦

泽山咸

咸：亨，利贞；取女吉。

译文　《咸》卦象征感应：亨通，利于坚守正道；娶妻可以获得吉祥。

《彖》曰：咸，感也。柔上而刚下，二气感应以相与，止而说，男下女，是以"亨，利贞；取女吉"也。天地感，而万物化生；圣人感人心，而天下和平。观其所感，而天地万物之情可见矣。

译文　《彖传》说：咸的意思是感应。阴柔在上而阳刚在下，阴阳二气感应相交，节止而喜悦，男子处在女子之下，所以"亨通，宜于守正；娶妻可获吉祥"。天地交感，万物化育生长；圣人感化人心，于是天下和平。观察感应的现象,天地万物的变化就可以明白显见了!

《象》曰:山上有泽,咸;君子以虚受人。

译文 《象传》说:《咸》卦为山上有泽之象,即上方的水泽滋润下面的山体,下面的山体承托上方的水泽并吸收其水分,山泽相通,因而象征感应;君子效法这一现象,以谦虚的态度容纳感化他人。

初六,咸其拇。

译文 初六,感应发生在脚的大拇指上。

《象》曰:"咸其拇",志在外也。

译文 《象传》说:"感应发生在脚的大拇指上",说明其所感在外,志向是向外发展。

六二,咸其腓,凶;居吉。

译文 六二,感应发生在小腿肚上,这样就会发生凶险的事情;安居静处则可以获得吉祥。

《象》曰：虽凶居吉，顺不害也。

译文 《象传》说：虽然会发生凶险的事情，但是只要安居静处便可获吉祥，说明顺其本性，则不会有灾害。

九三，咸其股，执其随，往吝。

译文 九三，感应发生在大腿上，这是一味地跟从别人，这样前去行事，必然会导致遗憾的事发生。

《象》曰："咸其股"，亦不处也；志在随人，所执下也。

译文 《象传》说："感应发生在大腿上"，说明不能安居静处；心志在于盲目地跟随别人，这种执着实在是卑下的。

九四，贞吉，悔亡；憧憧往来，朋从尔思。

译文 九四，守持正固就可以获得吉祥，悔恨的事也将消失；频频地与别人交往，友朋终究顺从你的想法。

《象》曰："贞吉，悔亡"，未感害也；"憧憧往来"，未光大也。

译文 《象传》说:"守持正固,就可以获得吉祥,悔恨的事也将消失",说明九四并没有因感应而遭受祸害;"频频地与别人交往",说明此时"交感"之道未光大。

九五,咸其脢,无悔。

译文 九五,感应发生在脊背的肉上,不会发生后悔的事。

《象》曰:"咸其脢",志末也。

译文 《象传》说:"感应发生在脊背的肉上",这是对九五的告诫,因为它的志向过于浅薄了。

上六,咸其辅、颊、舌。

译文 上六,感应发生在牙床、脸颊和舌头上。

《象》曰:"咸其辅、颊、舌",滕口说也。

译文 《象传》说:"感应发生在牙床、脸颊、舌头上",说明只是花言巧语,说空话而已。

第三十二卦

雷风恒

恒：亨，无咎，利贞，利有攸往。

译文 《恒》卦象征恒久：亨通，没有灾祸，利于坚守正道，利于有所前往。

《彖》曰：恒，久也。刚上而柔下，雷风相与，巽而动，刚柔皆应，恒。"恒：亨，无咎，利贞"，久于其道也。天地之道，恒久而不已也。"利有攸往"，终则有始也。日月得天而能久照，四时变化而能久成，圣人久于其道而天下化成。观其所恒，而天地万物之情可见矣！

译文 《彖传》说：恒，意思是恒久。阳刚在上而阴柔在下，雷风相交往，和顺而动，阳刚与阴柔都相互应和，故为恒。"恒：亨通，没有灾祸，利于守正"，是说要长久地坚守其道。天地的运行规律，恒久而不停息。"利于有所往"，结束即是开始。日月顺行天道才能长久地照耀万物，四季交替变化才能长久地运行，圣人能长久地坚守其道就能成功教化天下。观察这些长久的现象，就可以观察到天地万物的情状了！

《象》曰：雷风，恒；君子以立不易方。

译文　《象传》说：《恒》卦为风雷交加之象，二者相辅相成，因而象征恒久；君子效法这一现象，应当以此立世，坚守恒久不变的正道。

初六，浚恒，贞凶，无攸利。

译文　初六，一开始就刨根挖底地深入追求恒久之道，即使守持正固也是危险的，不会有一点好处。

《象》曰：浚恒之凶，始求深也。

译文　《象传》说：刨根挖底地深入追求恒久之道会产生危险，是因为刚开始就追求过于深远的目标。

九二,悔亡

译文 九二,悔恨自行消亡。

《象》曰:九二"悔亡",能久中也。

译文 《象传》说:九二能够使"悔恨自行消亡",是因为它能够长久守中。

九三,不恒其德,或承之羞,贞吝。

译文 九三,不能恒久地保持美好的品德,有时会蒙受他人的羞辱,要坚守正道以防产生惋惜。

《象》曰:"不恒其德",无所容也。

译文 《象传》说:"不能恒久地保持美好的品德",就会落得无处容身的下场。

九四,田无禽。

译文 九四,田间狩猎,结果却没有捕获到鸟兽。

《象》曰:久非其位,安得禽也?

译文 《象传》说：长久地处在不属于自己的位置上，又怎么能够捕获到鸟兽呢？

六五，恒其德，贞；妇人吉，夫子凶。

译文 六五，恒久地保持美好品德，坚守正道；这样的话，女人可以获得吉祥，男人则遭遇凶险。

《象》曰：妇人贞吉，从一而终也；夫子制义，从妇凶也。

译文 《象传》说：女人坚守柔顺之道可以获得吉祥，是说女人终生只嫁一个丈夫；男人遇事应当果断处理，如果像女人那样只知顺从的话，就会遭遇凶险。

上六，振恒，凶。

译文 上六，摇摆不定，不能坚守恒久之道，有凶险。

《象》曰：振恒在上，大无功也。

译文 《象传》说：摇摆不定，不能坚守恒久之道，但是又处于上位，不会有什么功绩。

第三十三卦

天山遁

遁：亨，小利贞。

译文 《遁》卦象征退避：退避才能亨通，柔小者利于守持正固。

《彖》曰：遁，亨，遁而亨也。刚当位而应，与时行也。"小利贞"，浸而长也。遁之时义大矣哉！

译文 《彖传》说：遁，亨通，说明隐退才能亨通。阳刚居正当位而与下相应和，能够顺时而动。"柔小者利于守持正固"，说明阴柔逐渐盛长。退避之时的意义实在太大了！

《象》曰：天下有山，遁；君子以远小人，不恶而严。

译文 《象传》说:《遁》卦为天下有山之象,象征着隐退避让;君子应远离小人,不显露厌恶的态度,以庄严不可侵犯的态度划清界限。

初六,遁尾,厉。勿用有攸往。

译文 初六,错过退避的时机,落在了后边,情况非常不好。面对这种情形,应该静观待变而不要有所行动,不宜有所前往。

《象》曰:遁尾之厉,不往何灾也?

译文 《象传》说:错过隐退避让的时机而造成的危险,只要静观不动就不会有什么灾祸了。

六二,执之用黄牛之革,莫之胜说。

译文 六二,用黄牛的皮捆绑起来,谁也难以解脱。

《象》曰:"执用黄牛",固志也。

译文 《象传》说:"用黄牛的皮捆绑起来",说明六二固守不退。

九三,系遁,有疾厉。畜臣妾,吉。

译文 九三,由于被牵累而难以退避,就像疾病缠身那样危险。处在这情况下,就要畜养仆人和侍妾,可获吉祥。

《象》曰:系遁之厉,有疾惫也。"畜臣妾吉",不可大事也。

译文 《象传》说:由于被牵累而难以退避导致有危险,说明在这种想退而又不能退的情况下,就像疾病缠身那样使人疲惫不堪。"畜养仆人和侍妾就会吉祥",意思是说,处在有所系累的情况下,不能施行大事。

九四,好遁,君子吉,小人否。

译文 九四,隐退避让及时,君子将因此而获得吉祥,小人却不会吉祥。

《象》曰:君子好遁,小人否也。

译文 《象传》说:君子能够做到该退就退,而小人却不能做到这一点。

九五,嘉遁,贞吉。

译文 九五,美好地隐退避让,能坚守正道,其结果是吉祥的。

《象》曰:"嘉遁,贞吉",以正志也。

译文 《象传》说:"美好地隐退避让,坚守正道将会获得吉祥",因为其信念和志向是端正的。

上九,肥遁,无不利。

译文 上九,隐退避让,远走高飞,所以无论这时做什么,都不会有什么不利。

《象》曰:"肥遁,无不利",无所疑也。

译文 《象传》说:"远走高飞而又没有什么不利",说明上九没有什么疑虑和留恋。

第三十四卦

雷天大壮

大壮：利贞。

译文 《大壮》卦象征十分强盛：利于守持正固。

《彖》曰：大壮，大者壮也。刚以动，故壮。"大壮：利贞"，大者正也。正大而天地之情可见矣！

译文 《彖传》说：大壮，刚大而强盛。刚健而又善动，故称为壮。"大为强盛：宜于守正"，大而能正。能够保持正直强大而天地之情便可以知晓了！

《象》曰：雷在天上，大壮；君子以非礼弗履。

译文 《象传》说：《大壮》卦为震雷响彻天上之象，

象征着十分强盛；君子应该严格要求自己，不符合道德规范的事不做。

初九，壮于趾，征凶；有孚。

译文 初九，强盛只在脚趾（不服从领导），这时如果有所行动，必然会招来灾祸；应当守诚信使人信服。

《象》曰："壮于趾"，其孚穷也。

译文 《象传》说："强盛只在脚趾"，说明初九要以诚信为本，真心实意地表现，才不致失去诚信。

九二，贞吉。

译文 九二，坚守正道而获得吉祥。

《象》曰：九二贞吉，以中也。

译文 《象传》说：九二之所以能够坚守正道而获得吉祥，是因为它位置居中，按中道行事。

九三，小人用壮，君子用罔；贞厉，羝羊触藩，羸其角。

译文 九三，小人妄用强力，君子却讲究章法。守持正固以防危险，这就像强壮的公羊用角去顶触篱笆，结果只会把角卡住而难以摆脱。

《象》曰："小人用壮"，君子罔也。

译文 《象传》说："小人妄用强力"，君子却不这样做。

九四，贞吉，悔亡；藩决不羸，壮于大舆之輹。

译文 九四，坚守正道可获吉祥，悔恨也会消失；像篱笆开了缺口，羊角从系累中解脱出来，又像大车坚固的车轮能负重载远。

《象》曰："藩决不羸"，尚往也。

译文 《象传》说："篱笆开了缺口，羊角从系累中解脱出来"，说明利于积极向前进取。

六五，丧羊于易，无悔。

译文 六五，在田边地头丢失了羊，却并没有什么可悔恨的。

《象》曰："丧羊于易"，位不当也。

译文 《象传》说："在田边地头丢失了羊"，是由于六五位置不恰当。

上六，羝羊触藩，不能退，不能遂，无攸利。艰则吉。

译文 上六，公羊因顶触篱笆而被挂住了角，既不能后退，又不能前进，没有什么好处。在这种情况下，只要能够忍耐坚持，就会获得吉祥。

《象》曰："不能退，不能遂"，不详也。"艰则吉"，咎不长也。

译文 《象传》说："既不能后退，又不能前进"，说明上六行动处事不够圆满周到。但只要能够"忍耐艰难就会吉祥"，说明上六所遭到的咎害不会长久。

第三十五卦

火地晋

晋：康侯用锡马蕃庶，昼日三接。

译文 《晋》卦象征前进生长：才干出众的康侯受到天子赏赐，不仅得到许多车马，而且在一天之内受到三次接见。

《彖》曰：晋，进也。明出地上，顺而丽乎大明，柔进而上行，是以"康侯用锡马蕃庶，昼日三接"也。

译文 《彖传》说：晋，前进生长。光明出现在地面上，和顺且依附太阳，以柔顺之道向上进长，所以就能够像"康侯享用天子赏赐的众多车马，一日之内三次受到接见"。

《象》曰：明出地上，晋；君子以自昭明德。

译文 《象传》说：《晋》卦为阳光从地面上升起之象，象征着前进和昌盛；君子因此应该展示自己的才华和美德，发挥自己的作用。

初六，晋如摧如，贞吉；罔孚，裕无咎。

译文 初六，刚开始前进就遇到了障碍和阻拦，但是只要能够坚守正道，就一定会吉祥；还没有树立起自己的威望，不能取信于人，这时暂且宽以待时则无灾害。

《象》曰："晋如摧如"，独行正也；"裕无咎"，未受命。

译文 《象传》说："刚开始前进就遇到障碍和阻拦"，说明初六应当独自践行正道。"暂且宽以待时则无灾害"，说明还没有被赋予相应的权力和使命。

六二，晋如愁如，贞吉；受兹介福，于其王母。

译文 六二，前进时充满忧愁思虑，但是如果能坚守正道，将会吉祥；获得极大的恩惠和福泽，这是尊贵的王母（六五）所赐予的。

《象》曰:"受兹介福",以中正也。

译文 《象传》说:"获得极大的恩惠和福泽",是因为它位置居中,符合中正之道。

六三,众允,悔亡。

译文 六三,已经得到了众人的认可和赞同,悔恨将会消失。

《象》曰:"众允"之志,上行也。

译文 《象传》说:"得到众人认可和赞同"的志向,是要努力向上奋进。

九四,晋如鼫鼠,贞厉。

译文 九四,向上前进时像那既贪婪又怕人,而且没有什么专长的老鼠一样,守持正固以防危险。

《象》曰:"鼫鼠贞厉",位不当也。

译文 《象传》说:"像老鼠那样,守持正固以防危险",说明九四所处的位置不对。

六五，悔亡，失得勿恤；往吉，无不利。

译文 六五，悔恨已经消失，用不着忧虑得失的问题；勇往直前，就会吉祥如意，没有什么不利的。

《象》曰："失得勿恤"，往有庆也。

译文 《象传》说："用不着忧虑得失的问题"，只要继续努力前进，就必然会有吉祥福庆的。

上九，晋其角，维用伐邑，厉吉，无咎；贞吝。

译文 上九，向前迈进已经达到了顶点，就像到达兽角尖上一样，宜于攻打邑国，建立新的功勋，虽然有危险但可获吉祥，而且一旦这样做了，将不会产生过失；但要守持正固预防憾惜。

《象》曰："维用伐邑"，道未光也。

译文 《象传》说："宜于攻打邑国"，说明前进繁盛已经达到了顶点，前进生长之道没有发扬光大。

第三十六卦

地火明夷

䷣

明夷：利艰贞。

译文 《明夷》卦象征光明受损：利于在艰难困苦中坚守正道。

《彖》曰：明入地中，明夷。内文明而外柔顺，以蒙大难，文王以之。"利艰贞"，晦其明也。内难而能正其志，箕子以之。

译文 《彖传》说：光明被埋入地中，象征光明受到损害。内含文明美德，外示柔顺之态，以此蒙受大难，周文王就是这样的。"利于在艰难中坚守正道"，隐藏自己的聪明智慧。内有险难而能坚守自己的志向情操，箕子就是这样的。

《象》曰：明入地中，明夷；君子以莅众，用晦而明。

译文 《象传》说：《明夷》卦为光明隐入地下之象，象征着光明被损；君子要能够遵循这个道理去管理民众，隐藏自己的才能和智慧，而更加显示出道德的光明。

初九，明夷于飞，垂其翼；君子于行，三日不食。有攸往，主人有言。

译文 初九，在光明被损的时候，像鸟儿一样迅速飞走，而且低垂着翅膀，以免被人察觉；君子要快速退避隐藏，三天不能吃东西充填饥肠。而且在此时行动，必然要受到主事的人的责备。

《象》曰："君子于行"，义不食也。

译文 《象传》说："君子要快速隐藏退避"，是由于坚持道义和原则而不会求禄食。

六二，明夷，夷于左股，用拯马壮，吉。

译文 光明受到损伤，就像左大腿受到伤害，如果能借用好马，增加自己的力量，可获吉祥。

《象》曰：六二之吉，顺而则也。

译文 《象传》说：六二能够获得吉祥，是因为它柔顺而又坚持原则。

九三，明夷于南狩，得其大首。不可疾，贞。

译文 九三，在光明受损的情况下，君主到南方去巡狩，可以消灭罪恶的首领。但是不要操之过急，要坚守正道。

《象》曰：南狩之志，乃大得也。

译文 《象传》说：有到南方征伐巡狩的志向，说明九三必有非常大的收获。

六四，入于左腹，获明夷之心，于出门庭。

译文 六四，进入左方腹地，能够深入了解光明受损的内情，于是坚定地跨出门庭远去。

《象》曰："入于左腹"，获心意也。

译文 《象传》说："进入左方腹地"，因此能够从内部深刻了解光明受损时的内情。

六五,箕子之明夷,利贞。

译文 六五,箕子那种隐藏其聪明才智的做法,有利于坚守正道。

《象》曰:箕子之贞,明不可息也。

译文 《象传》说:箕子坚守正道,说明六五的光明是不会熄灭的,只是暂时受阻碍罢了。

上六,不明,晦,初登于天,后入于地。

译文 上六,不发出光明,反而带来黑暗,刚开始时升上天空,而后来却堕入地下。

《象》曰:"初登于天",照四国也;"后入于地",失则也。

译文 《象传》说:"刚开始时升上天空",其光明能够照耀四方各国;"后来却堕入地下",是说上六违背了正确的法则。

第三十七卦

风火家人

家人：利女贞。

译文　《家人》卦象征家庭：此卦特别注重女人在家中的作用，所以利于女子守持正固。

《彖》曰：家人，女正位乎内，男正位乎外。男女正，天地之大义也。家人有严君焉，父母之谓也。父父，子子，兄兄，弟弟，夫夫，妇妇，而家道正。正家而天下定矣。

译文　《彖传》说：一家人，女人正位（六二）在内，男人正位（九五）于外。男女各居其恰当的位置，这是天地的大道理！家中有尊严的君长，这就是父母。父亲尽父亲之责，儿子遵循为子之道，兄长尽兄长之责，弟弟尽弟弟之责，丈夫尽到丈夫之责，妻子尽到妻子之责，只要大家各守其道，家道自然就端正。家道端正，天下自然也就安定了。

《象》曰：风自火出，家人；君子以言有物而行有恒。

译文 《象传》说：《家人》卦为风从火出之象，象征着外部的风来自火的燃烧，就像一家人。君子据此而知说话要有根据和内容，行动要有准则和恒心。

初九，闲有家，悔亡。

译文 初九，治家应防患于未然，如果这样做了，悔恨的事也就消亡了。

《象》曰："闲有家"，志未变也。

译文 《象传》说："治家应防患于未然"，是说明初九在意志还没有转变的时候就做好了防范。

六二，无攸遂，在中馈，贞吉。

译文 六二，无所成就，但只要能够料理好家中的饮食起居就行了,守持正固,结果一定是吉祥的。

《象》曰:六二之吉,顺以巽也。

译文 《象传》说:六二之所以能够获得吉祥,是因为它位置居中,温柔顺从而且谦逊。

九三,家人嗃嗃,悔厉,吉;妇子嘻嘻,终吝。

译文 九三,治家过分严厉,家人会忧愁埋怨,虽然会后悔且有点危险,但是从长远看,最终会得到吉祥的;如果不能从严治家,听凭妇人和孩子们随心所欲,整天嘻嘻哈哈,结果就会有憾惜。

《象》曰:"家人嗃嗃",未失也;"妇子嘻嘻",失家节也。

译文 《象传》说:"由于过分严厉使得家人忧愁埋怨",这样做没有失去治家的原则和根本;"听凭妇人和孩子随心所欲,整天嘻嘻哈哈",这样做违背了治家的原则和规矩。

六四,富家,大吉。

译文 六四,使家庭富裕起来,就会大吉大利。

《象》曰:"富家,大吉",顺在位也。

译文 《象传》说:"使家庭富裕起来,就会大吉大利",这是因为六四阴爻顺承九五阳爻。

九五,王假有家,勿恤,吉。

译文 九五,居于尊位的人明了、遵循治家之道,感化下面的人,无须忧虑,这是吉祥的。

《象》曰:"王假有家",交相爱也。

译文 《象传》说:"居于尊位的人明了、遵循治家之道,感化下面的人",关键是要能使人人和睦相处,相亲相爱。

上九,有孚,威如,终吉。

译文 上九,自己能够做到诚实守信,树立起威信,结果一定是吉祥的。

《象》曰：威如之吉，反身之谓也。

译文 《象传》说：建立威信能够获得吉祥，是因为这种威信是通过首先严格要求自己建立起来的。

第三十八卦

火泽睽

睽：小事吉。

译文 《睽》卦象征违背和对立：这时做一些小事会吉利。

《彖》曰：睽，火动而上，泽动而下。二女同居，其志不同行。说而丽乎明，柔进而上行，得中而应乎刚，是以小事吉。天地睽而其事同也，男女睽而其志通也，万物睽而其事类也。睽之时用大矣哉！

译文 《彖传》说：违背对立，如同火焰动是向上，泽水动是往下流。二女（离卦为中女，兑卦为少女）住在一起，因志向不同而无法一起行动。这时应以和悦附丽于光明，用柔顺之道求进才能上行，还要处事适中而应阳刚,才能做小事而获得吉利。天地虽然对立,但化育万物之事相同;男外女内居位不同,而其成家理事的心志相通;万物形态各有差异,而它们生长发育之事类同。乖睽之时所施用的范围真大啊!

《象》曰:上火下泽,睽;君子以同而异。

译文 《象传》说:《睽》卦为水火相背之象,象征违背和对立;君子据此应该在求大同的前提下,保留小的差别。

初九,悔亡。丧马勿逐,自复;见恶人,无咎。

译文 初九,悔恨消失。跑掉的马不要去追逐,它自己会回来;接近同自己对立敌视的恶人,不会有什么祸患。

《象》曰:"见恶人",以辟咎也。

译文 《象传》说:"接近同自己对立敌视的恶人",以避免因更加对立而带来的危害。

九二,遇主于巷,无咎。

译文 九二,在小巷中碰到了主人,但是却没有什么灾难。

《象》曰:"遇主于巷",未失道也。

译文 《象传》说:"在小巷中碰到了主人",说明九二并不违背原则。

六三,见舆曳,其牛掣;其人天且劓。无初有终。

译文 六三,就像后边的大车被拖住,前面的牛又被牵制;又像是受了削除头发并割掉鼻子的刑罚。虽然开始时这样困难,但最终还是可以达到目的。

《象》曰:"见舆曳",位不当也;"无初有终",遇刚也。

译文 《象传》说:"像车子被拖住"的情形,是因为六三所处的位置不恰当。"开始时极为困难,但最终还是可以达到目的",在于能和阳刚应合(六三与上九应合)。

九四，睽孤，遇元夫，交孚，厉无咎。

译文 九四，到处都是对立，被孤立，但正好遇到了一位充满阳刚的大丈夫（指初九），彼此信任，虽有危险，但却能免去灾祸。

《象》曰：交孚无咎，志行也。

译文 《象传》说：相互信任，虽有危险，但却能免去灾祸，说明九四志向可以践行。

六五，悔亡，厥宗噬肤，往何咎？

译文 六五，悔恨消失，与之相应的宗亲（指九二）像柔软的皮肤那样一咬就入（喻指有可以深交的同党），放心前往，能有什么危害呢？

《象》曰："厥宗噬肤"，往有庆也。

译文 《象传》说："与之相应的宗亲像柔软的皮肤那样一咬就入（喻指有可以深交的同党）"，说明前往会有值得庆贺的事情。

上九,睽孤,见豕负涂,载鬼一车,先张之弧,后说之弧。匪寇,婚媾。往遇雨则吉。

译文 上九,对立已达到了顶点,被孤立,像是看到一只沾满污泥的丑猪,又好像看见装满了鬼怪的车子,于是就张弓搭箭,准备对付它,但是后来又放下了弓。原来不是强盗,而是要和自己婚配的伴侣。这时如果前往,就会像遇到阴阳相合形成的甘雨一样,获得吉祥。

《象》曰:遇雨之吉,群疑亡也。

译文 《象传》说:像遇到阴阳相合形成的甘雨一样获得吉祥,是说原来的种种猜疑现在都已经烟消云散了。

第三十九卦

水山蹇

蹇：利西南，不利东北。利见大人，贞吉。

译文 《蹇》卦象征陷入困境，难以前进：利于向西南（平地）行动，不利于向东北（山地）行动。此时利于出现大人物，坚守正道就可以获得吉祥。

《彖》曰：蹇，难也，险在前也。见险而能止，知矣哉！"蹇利西南"，往得中也；"不利东北"，其道穷也。"利见大人"，往有功也；当位"贞吉"，以正邦也。《蹇》之时用大矣哉！

译文 《彖传》说：蹇的意思是有困难，危险在前面。见到危险而能停止，明智啊！"行走艰难时，利于走向西南的平地"，这样前进就能合于中道；"不利于走向东北的山地",因为前往必将路困途穷。"利于出现大人物",前往必能成功;居正当之位,"守正可获吉祥",并能治理、安定邦国。《蹇》卦之时的作用真是太大啦!

《象》曰:山上有水,蹇;君子以反身修德。

译文 《象传》说:《蹇》卦为高山上积水之象,象征艰难险阻,行动困难。君子据此应该好好地反省自己,注重修养品德,以通过自身的努力度过困境。

初六,往蹇,来誉。

译文 初六,前进将会进入险境,归来将得到赞美。

《象》曰:"往蹇,来誉",宜待也。

译文 《象传》说:"前进将会进入险境,归来将得到赞美",因为处在这种情况下,应当安心等待时机。

六二,王臣蹇蹇,匪躬之故。

译文 六二,臣子为了摆脱困境而奔走在危难之中,这不是为了他自己。

《象》曰："王臣蹇蹇"，终无尤也。

译文 《象传》说："臣子为了摆脱困境而奔走在危难之中"，最终不会有什么过失。

九三，往蹇，来反。

译文 九三，往前行走将陷于危难，最好还是退回原地。

《象》曰："往蹇，来反"，内喜之也。

译文 《象传》说："往前行走将陷于危难，最好还是回原地"，这样内部的力量（指初六和六二）必会喜悦。

六四，往蹇，来连。

译文 六四，往前行走将遇到危难，返回来又同样艰难。

《象》曰："往蹇，来连"，当位实也。

译文 《象传》说："往前行走将遇到危难，返回来又同样艰难"，是说六四所处的位置决定了他应该以实相交。

九五,大蹇,朋来。

译文 九五,处境极为艰难,却有众多的朋友来协助他度过危难。

《象》曰:"大蹇,朋来",以中节也。

译文 《象传》说:"处境极为艰难,却有众多的朋友来协助他度过危难",表明他能够坚守正道,不失气节。

上六,往蹇,来硕。吉,利见大人。

译文 上六,往前行走将会陷入险境,退回来会大有收获。大吉大利,有利于出现大人物。

《象》曰:"往蹇,来硕",志在内也;"利见大人",以从贵也。

译文 《象传》说:"往前行走将会陷入险境,退回来会大有收获",说明志向在于联合自己内部的各种力量共同度过艰难时世。"利于出现大人物",说明上六应当追随尊贵阳刚的君主。

第四十卦

雷水解

解：利西南。无所往，其来复吉；有攸往，夙吉。

译文 《解》卦象征危难得到纾解：利于往西南方向行事。如果没有什么危难，就无须前往纾解，返回安居就会吉祥。但是如果发生了祸患，就应该及早快速前往解决，这样才能获得吉祥。

《彖》曰：解，险以动，动而免乎险，解。"解，利西南"，往得众也；"其来复吉"，乃得中也；"有攸往，夙吉"，往有功也。天地解而雷雨作，雷雨作而百果草木皆甲坼。解之时大矣哉！

译文 《彖传》说：纾解危难，冒险前去行动，因行动而解脱避免陷入危险,故称解。"纾解危难,利于往西南方向行事",前往可以得到民众拥护;"返回原来的地方会吉利",因为合于中道;"出现危难要及早快速前往解决,这样可获吉祥",说明前往可获成功。天地纾解于是雷雨大作,雷雨大作于是百果草木皆破土生根发芽。纾解之时的作用真是太大啦!

《象》曰:雷雨作,解;君子以赦过宥罪。

译文 《象传》说:《解》卦为春雷阵阵,春雨滋润,万物舒展生长之象;因此,君子也应该据此赦免那些有过错的人,饶恕他们的罪过,使他们得到解脱和新生。

初六,无咎。

译文 初六,处在危难初解的情形下,是没有什么过失的。

《象》曰:刚柔之际,义无咎也。

译文 《象传》说:初六与九二亲比,刚柔相济,相辅相成,所以不会有什么过失。

九二,田获三狐,得黄矢;贞吉。

译文 九二,打猎时捕获多只狐狸,又得到了黄色箭矢;守持正固就会吉祥。

《象》曰:九二贞吉,得中道也。

译文 《象传》说:九二守持正固可获得吉祥,是因为它能够遵循中正之道。

六三,负且乘,致寇至;贞吝。

译文 六三,肩负着沉重的东西,乘坐在华丽的大车上,由于居于非分之位,必然会招来强盗。守持正固以防悔恨。

《象》曰:"负且乘",亦可丑也;自我致戎,又谁咎也?

译文 《象传》说:"肩负着沉重的东西,乘坐在华丽的大车上",这样的行为是很丑陋的;由于自己的原因而招致战争,这又能去怪罪谁呢?

九四,解而拇,朋至斯孚。

译文 九四,如果能够像放开你的脚拇指那样摆脱小人的纠缠,就会有志同道合之人到来,获得信任。

《象》曰:"解而拇",未当位也。

译文 《象传》说:"像放开你的脚拇指那样去摆脱小人的纠缠",是说九四所处的位置不妥。

六五,君子维有解,吉,有孚于小人。

译文 六五,君子只有消除解脱了危难祸患,才会吉祥如意,并让小人信服。

《象》曰:君子有解,小人退也。

译文 《象传》说:君子能够消除解脱危难祸患,小人自然会畏服退避。

上六,公用射隼于高墉之上,获之,无不利。

译文 上六,王公用箭去射击盘踞在高墙上的恶鸟,一箭射中,没有什么不利的。

《象》曰:"公用射隼",以解悖也。

译文 《象传》说:"王公用箭射杀恶鸟",上六据此解除悖逆的人所造成的危难。

第四十一卦

山泽损

损：有孚，元吉，无咎，可贞，利有攸往。曷之用？二簋可用享。

译文 《损》卦象征减损：心存诚信，大吉大利，没有灾害，可以守持正固，宜有所往。用什么来祭祀呢？只要二簋粗淡的食品就可以了。

《彖》曰：损，损下益上，其道上行。损而有孚，元吉，无咎，可贞，利有攸往。曷之用？二簋可用享。二簋应有时，损刚益柔有时，损益盈虚，与时偕行。

译文 《彖传》说：减损，减损下面而增益到上面，规律是从下往上运行。受损而能够做到心存诚信，大吉大利，没有灾害，可以守持正固，宜有所往。用什么来祭祀呢？只要二簋粗淡的食品就可以了。奉献二簋祭品应合时宜，减损阳刚而增益阴柔也要适时，或损或益，如月之或盈或虚，皆顺时而行动。

《象》曰：山下有泽，损；君子以惩忿窒欲。

译文 《象传》说：《损》卦为山下有泽水之象，象征减损；君子观此卦应该抑制狂怒暴躁的情绪，压制世俗的欲望。

初九，已事遄往，无咎，酌损之。

译文 初九，自己的事完成就迅速前进，这样才不会有灾难临头，要适当减损自己的阳刚。

《象》曰："已事遄往"，尚合志也。

译文 《象传》说："自己的事完成就迅速前进"，说明初九与处在上位的尊者心志相合。

九二，利贞，征凶；弗损益之。

译文 九二，利于坚守正道，远行会有凶险；用不着自我减损就可以使他人受益。

《象》曰:九二利贞,中以为志也。

译文 《象传》说:九二之所以利于坚守正道,是因为处在适中的位置上。只有以中庸之道作为自己的志向,才能够使他人受益。

六三,三人行,则损一人;一人行,则得其友。

译文 六三,三个人一同前进,会损减一人;一个人独自行动,最终必定能遇到朋友。

《象》曰:一人行,三则疑也。

译文 《象传》说:一个人独立行动可以取得成功;三个人一齐前去,则会相互猜疑,而达不到预期的目标。

六四,损其疾,使遄有喜,无咎。

译文 六四,减损克服自身的缺点,若速度快就会有喜庆,不会有任何灾祸。

《象》曰:"损其疾",亦可喜也。

译文 《象传》说:"减损克服自身的缺点",这是十分可喜的事情。

六五，或益之十朋之龟，弗克违，元吉。

译文 六五，有人送来价值十朋（古时候货币单位）的宝龟，不能推辞，大吉大利。

《象》曰：六五元吉，自上佑也。

译文 《象传》说：六五之所以获得大吉大利，是因为得到上天保佑。

上九，弗损益之；无咎，贞吉，利有攸往，得臣无家。

译文 上九，不自我减损就可以让他人获益；没有什么灾患，守持正固可获吉祥，利于前去行事，定能获得天下人的拥戴，不拘限于一家。

《象》曰："弗损益之"，大得志也。

译文 《象传》说："不自我减损就可以让他人获益"，说明上九的志向得以充分实现。

第四十二卦

风雷益

益：利有攸往，利涉大川。

译文　《益》卦象征增益：利于有所往，利于渡过大河。

《彖》曰：益，损上益下，民说无疆；自上下下，其道大光。"利有攸往"，中正有庆；"利涉大川"，木道乃行。益动而巽，日进无疆；天施地生，其益无方。凡益之道，与时偕行。

译文　《彖传》说：增益，减损上面而增益至下面，民众欣悦无穷；从上方施利于下，这种道义必然盛大光明。"利于有所往"，说明尊者居中得正有吉庆；"利于涉越大河"，利用木舟渡水而行。增益之时下者兴动而上者逊顺，日日增进无穷；好比上天施降，大地化益，使万物受益无穷一样。所有增益之道，皆顺时而行。

《象》曰：风雷，益；君子以见善则迁，有过则改。

译文 《象传》说：《益》卦为风雷互相激荡，相得益彰之象，象征增益；君子观此卦，应当看到良好的行为就向往，有了过错就立刻改正。

初九，利用为大作，元吉，无咎。

译文 初九，利于大显身手有所作为，这样能够获得大吉大利，没有灾害。

《象》曰："元吉，无咎"，下不厚事也。

译文 《象传》说："大吉大利，没有灾害"，说明初九虽然位置低下，不能胜任大事，但在增益之时则可以大有作为。

六二，或益之十朋之龟，弗克违，永贞吉。王用享于帝，吉。

译文 六二，有人送来价值十朋的宝龟，不能推辞，永远守持正固才会吉祥。君王如果在此时祭祀天神,祈求降福保佑,会获得吉祥。

《象》曰:"或益之",自外来也。

译文 《象传》说:"有人送来价值昂贵的宝龟",这完全是从外部来的,不召而至。

六三,益之用凶事,无咎;有孚中行,告公用圭。

译文 六三,将所得到的好处用来帮助他人解除危难,这样不会有灾祸;要心存诚信按照中庸之道行事,像进见王公贵人手执圭玉一样虔诚。

《象》曰:益用凶事,固有之也。

译文 《象传》说:将得到的好处用来解救他人的危难,本来就是应该这样的。

六四,中行告公从,利用为依迁国。

译文 六四,采取温和宽厚的中庸态度求告于王公,王公会听从,此时有利于依附君主决定迁徙国都这样的大事。

《象》曰:"告公从",以益志也。

译文 《象传》说:"求告于王公,王公会听从意见",是由于增益天下大众的志向感动了王公贵人。

九五,有孚惠心,勿问元吉;有孚惠我德。

译文 九五,满腹虔诚地怀着使天下人受惠的心愿,不用占问就知道是大吉大利;天下人必然也都虔诚地怀着想报答我恩德的心愿。

《象》曰:"有孚惠心",勿问之矣;"惠我德",大得志也。

译文 《象传》说:"满腹虔诚地怀着使天下人受惠的心愿",根本用不着占卦问卜;"天下人都想报答我的恩德",说明九五自行减损、造福大众的心志得以充分实现。

上九，莫益之，或击之；立心勿恒，凶。

译文 上九，没有谁来让他受益，有人来攻击他；自己的用心不能坚持，必然会有凶险。

《象》曰："莫益之"，偏辞也；"或击之"，自外来也。

译文 《象传》说："没有谁来让他受益"，是因为偏离了《益》卦损己益人的宗旨；"受到别人的攻击"，这是他自己从外部招来的。

第四十三卦

泽天夬

夬：扬于王庭，孚号有厉。告自邑，不利即戎。利有攸往。

译文 《夬》卦象征决断：在君王的宫廷之上当面公布小人的罪过，真诚地大声疾呼，告诫人们有危险。告诉自己封邑的人，不利于兴兵打仗。利于有所前往。

《彖》曰：夬，决也，刚决柔也。健而说，决而和。"扬于王庭"，柔乘五刚也。"孚号有厉"，其危乃光也。"告自邑，不利即戎"，所尚乃穷也。"利有攸往"，刚长乃终也。

译文 《彖传》说：夬的意思是决断，犹如阳刚决断阴柔。刚健而使人喜悦，决断而又和谐。"可以将小人的罪过公布在君王的朝廷之上",因为一阴柔爻乘凌五阳刚爻。"以诚心疾呼有危险",是让人们时时保持警惕,以光大决断小人之道。"告诫自己封邑内的人,不宜立即兴兵打仗",因为崇尚武力会使自己陷入穷途末路。"利于有所往",因为阳刚盛长终能战胜阴柔。

《象》曰:泽上于天,夬;君子以施禄及下,居德则忌。

译文 《象传》说:《夬》卦为泽水蒸发上天,即将化为雨倾注而下之象,象征决断。君子据此应该果断地向下面的人广施恩德,如果居高位而不施恩德,就会遭到忌恨。

初九,壮于前趾,往不胜为咎。

译文 初九,强盛处在脚趾的前端,贸然前去则不能取胜,还会遇到灾祸。

《象》曰:不胜而往,咎也。

译文 《象传》说:明知不能获胜而前往行事,结果遭到失败,给自身带来灾祸。

九二,惕号,莫夜有戎,勿恤。

译文 九二,时刻警惕呼号,这样即使深夜里有敌人来犯,也用不着担忧。

《象》曰:"有戎勿恤",得中道也。

译文 《象传》说:"即使深夜里有敌人来犯,也用不着担忧",这是因为九二处在下卦的中位,能够奉行中正之道。

九三,壮于頄,有凶;君子夬夬独行,遇雨若濡,有愠,无咎。

译文 九三,强盛处在脸上,就像把决断的态度写在脸上,有凶险;君子果断地独自前去,遇上大雨浑身湿透,甚至被人怀疑,惹人恼怒,却不会有任何灾祸。

《象》曰:"君子夬夬",终无咎也。

译文 《象传》说:"君子果断地前去",最终不会遇到灾祸。

九四，臀无肤，其行次且；牵羊悔亡，闻言不信。

译文 九四，臀部没有皮肤，行动必然步履维艰；若是紧紧牵着羊（象征阳刚）行走，悔恨就会消失，然而听了这话的人却并不相信。

《象》曰："其行次且"，位不当也；"闻言不信"，聪不明也。

译文 《象传》说："行动时步履维艰"，因为九四所处位置失当；"听了这话的人并不相信"，说明他听觉虽然正常却决断不明。

九五，苋陆夬夬，中行无咎。

译文 九五，果断地做出一举惩处小人的决定，就像铲除苋陆草一样，只要坚持奉行中正之道，就不会遇到灾祸。

《象》曰："中行无咎"，中未光也。

译文 《象传》说："只要坚持奉行中正之道，就不会遇到灾祸"，表明九五尽管处在尊贵地位，但中正之道并未大放光彩。

上六,无号,终有凶。

译文 上六,不必号啕大哭,最终必然会有凶险。

《象》曰:无号之凶,终不可长也。

译文 《象传》说:不必号啕大哭,最终必然会有凶险,说明上六这个阴柔小人凌驾于阳刚君子之上的情况不会持续很长时间。

第四十四卦

天风姤

姤：女壮，勿用取女。

译文 《姤》卦象征相遇：女子过分强盛（一女遇五男），不适合娶来做妻子。

《彖》曰：姤，遇也，柔遇刚也。"勿用取女"，不可与长也。天地相遇，品物咸章也。刚遇中正，天下大行也。姤之时义大矣哉！

译文 《彖传》说：姤的意思是相遇，阴柔遇到阳刚。"不要娶这个女人"，因为无法与她长久相处。天地阴阳之光相遇交合，各种事物都得以彰显。阳刚者居中守正，其道大行于天下。相遇之时所包含的意义实在太大啦！

《象》曰：天下有风，姤；后以施命诰四方。

译文 《象传》说：《姤》卦为天底下刮着风，风吹遍天地万物，象征着相遇；君王观此卦也应该如风吹拂大地一样，颁布政令，通告四方。

初六，系于金柅，贞吉；有攸往，见凶，羸豕孚蹢躅。

译文 初六，拴上坚固结实的车闸，守持正固可获吉祥；急于前去行事，会遇到凶险，并像瘦弱的猪那样躁动不安。

《象》曰："系于金柅"，柔道牵也。

译文 《象传》说："拴上坚固结实的车闸"，是说要把初六的阴柔牵制住，使它不至于盛长。

九二，包有鱼，无咎；不利宾。

译文 九二，厨房里发现有鱼，不会有灾祸；但不利于擅自拿来宴请宾客。

《象》曰:"包有鱼",义不及宾也。

译文 《象传》说:"厨房里发现有鱼",但不宜用来宴宾,因为从道义上说不能拿他人之物待客。

九三,臀无肤,其行次且;厉,无大咎。

译文 九三,臀部没有皮肤,走起路来很艰难;会遇到危险,但不会有大的灾祸。

《象》曰:"其行次且",行未牵也。

译文 《象传》说:"走起路来很艰难",表明在路上虽然会遇到艰险,但行动并未完全受到牵制。

九四,包无鱼,起凶。

译文 九四,厨房里没有鱼,会引起凶险。

《象》曰:无鱼之凶,远民也。

译文 《象传》说:厨房里没有鱼而引起凶险,是因为九四居于上卦而脱离民众,失去民众的支持。

九五,以杞包瓜,含章,有陨自天。

译文 九五,用杞树枝叶裹住甜瓜,好比内心怀着美好的品德,美好的相遇就会从天而降。

《象》曰:九五含章,中正也;有陨自天,志不舍命也。

译文 《象传》说:九五内心怀着美好的品德,是因为能够坚守中道,心地纯正;美好的相遇从天而降,是因为九五的意志不违背天命。

上九,姤其角;吝,无咎。

译文 上九,相遇在角落里;处境艰难,不过也不会有什么灾祸。

《象》曰:"姤其角",上穷吝也。

译文 《象传》说:"相遇在角落里",是因为上九居一卦之尽头,失去大众的支持,没有好的遇合,处境艰难。

第四十五卦

泽地萃

萃：亨，王假有庙；利见大人，亨利贞；用大牲吉，利有攸往。

译文 《萃》卦象征聚合：亨通，此时君王到宗庙里祭祀；利于出现德高望重的大人物，前景亨通且有利于守持正固；用大的牲畜献祭能够带来吉祥，利于有所前往。

《彖》曰：萃，聚也。顺以说，刚中而应，故聚也。"王假有庙"，致孝享也。"利见大人，亨"，聚以正也。"用大牲吉，利有攸往"，顺天命也。观其所聚，而天地万物之情可见矣！

译文 《彖传》说：萃，是相聚的意思。顺从而喜悦，九五阳刚居中而与六二阴柔相应，所以能聚合。"君王到宗庙进行祭祀"，这是表达对祖宗的至诚之心。"利于出现德高望重的大人物，前景亨通"，因为主持聚集的人能够遵循正道。"用大的牲畜祭祀可获吉祥，利有所往"，因为会聚顺从了天命。观察聚合的现象，天地万物的情状自然就可以知晓了！

《象》曰：泽上于地，萃；君子以除戎器，戒不虞。

译文　《象传》说：《萃》卦为地上有湖泽，四面八方的细流都汇入湖中之象，象征着聚合；君子据此应当修缮甲兵，以防因为会聚而发生意外的变故。

初六，有孚不终，乃乱乃萃；若号，一握为笑；勿恤，往无咎。

译文　初六，如果不能将诚信始终保持，聚集时就会发生混乱；这时如果能够悔过呼号，彼此握手交流感情，就能化干戈为玉帛；用不着忧虑，前去行事不会遇到灾祸。

《象》曰："乃乱乃萃"，其志乱也。

译文　《象传》说："聚集时就会发生混乱"，是因为内心的意志不能始终如一，陷于迷惑混乱。

六二，引吉，无咎；孚乃利用禴。

译文 六二，受人牵引相聚可获吉祥，没有害处；只要内心怀着虔诚，即使举行简单的禴祭（即春祭，古代四季祭祀之一）也能带来吉祥。

《象》曰："引吉，无咎"，中未变也。

译文 《象传》说："受人牵引相聚可获吉祥，没有害处"，这是因为该六二位置居中而当位，并且遵循中正之道，始终不曾改变。

六三，萃如嗟如，无攸利；往无咎，小吝。

译文 六三，想要聚会而不成，因此唉声叹气，没有什么好处；前去行事不会遇到灾祸，只是有一点小小的遗憾。

《象》曰："往无咎"，上巽也。

译文 《象传》说："前去行事不会遇到灾祸"，这是因为六三能够对上顺从于阳刚的九四。

九四，大吉，无咎。

译文 九四，大吉大利，免遭灾祸。

《象》曰："大吉，无咎"，位不当也。

译文 《象传》说："大吉大利，免遭灾祸"，这是因为九四所处位置不适当，只有在大吉大利的时候才可以避免受害。

九五，萃有位，无咎，匪孚；元永贞，悔亡。

译文 九五，聚会时居于尊贵的高位，不会有灾难，但也并没有让人信服；如果是有德的君长坚定不移地守持正固，悔恨就会消亡。

《象》曰："萃有位"，志未光也。

译文 《象传》说："聚会时居于尊贵的高位"，表明虽居于盛位，但荟萃天下的志向尚未发扬光大。

上六，赍咨涕洟，无咎。

译文 上六，唉声叹气而又痛哭流涕，但不会有灾祸。

《象》曰:"赍咨涕洟",未安上也。

译文 《象传》说:"唉声叹气而又痛哭流涕",是因为上六承聚不得,又不甘居于穷上之位。

第四十六卦

地风升

升：元亨，用见大人，勿恤，南征吉。

译文 《升》卦象征上升：至为亨通，宜于出现有权势的大人物，不用忧虑，向南方出征会获得吉祥。

《彖》曰：柔以时升，巽而顺，刚中而应，是以大亨。"用见大人，勿恤"，有庆也。"南征吉"，志行也。

译文 《彖传》说：遵循柔道因时而升，逊让而顺从，阳刚（九二）居中而能向上应合于尊者（六五），所以至为亨通。"宜于出现有权势的大人物，不用忧虑"，说明上升必有吉庆。"向南出征则吉"，说明上行的心志得以畅行。

《象》曰：地中生木，升；君子以顺德，积小以高大。

译文 《象传》说：《升》卦为地里生长树木之象，象征上升；君子观此卦应顺应自然规律注重培养品德，积累小善来塑造高大完美的人格。

初六，允升，大吉。

译文 初六，宜于上升，大吉大利。

《象》曰："允升，大吉"，上合志也。

译文 《象传》说："宜于上升，大吉大利"，说明初六与上面的阳刚者心志相合，上升的意志正合乎上面的意思。

九二，孚，乃利用禴，无咎。

译文 九二，内心虔诚，即使简单的禴祭也利于用来祭祀神灵，避免灾祸。

《象》曰：九二之孚，有喜也。

译文 《象传》说：九二内心虔诚，必定会带来喜庆。

九三,升虚邑。

译文 九三,登上空旷的城邑。

《象》曰:"升虚邑",无所疑也。

译文 《象传》说:"登上空旷的城邑",这是因为上升没有任何阻碍,没有半点疑虑。

六四,王用亨于岐山,吉,无咎。

译文 六四,君王到岐山祭祀神灵,吉祥,没有灾祸。

《象》曰:"王用亨于岐山",顺事也。

译文 《象传》说:"君王到岐山祭祀神灵",是顺物之情、顺天行事。

六五,贞吉,升阶。

译文 六五,守持正固可获吉祥,就像沿着台阶稳步上升一样。

《象》曰:"贞吉,升阶",大得志也。

译文 《象传》说:"守持正固可获吉祥,就像沿着台阶稳步上升一样",表明六五大遂上升的意志。

上六,冥升,利于不息之贞。

译文 上六,在昏暗幽冥状态下依然上升,利于坚持不懈地遵循正道。

《象》曰:"冥升"在上,消不富也。

译文 《象传》说:"在昏暗幽冥状态下依然上升",本身又已处在最高的位置,说明上升之势不会长久,最终会消减衰退,不会有所增益了。

安徽省含山县凌家滩遗址出土的玉版、玉龟

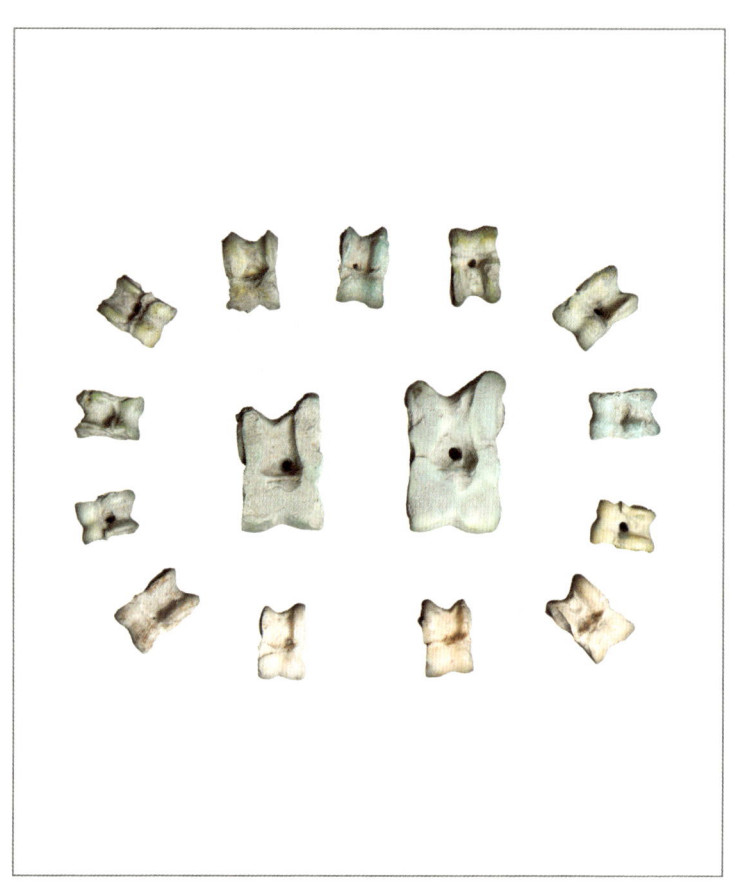

内蒙古自治区赤峰市红山遗址出土的椎骨杯珓卜具

殷商卜甲

内蒙古自治区锡林郭勒盟锡林浩特 31 团出土的骨签

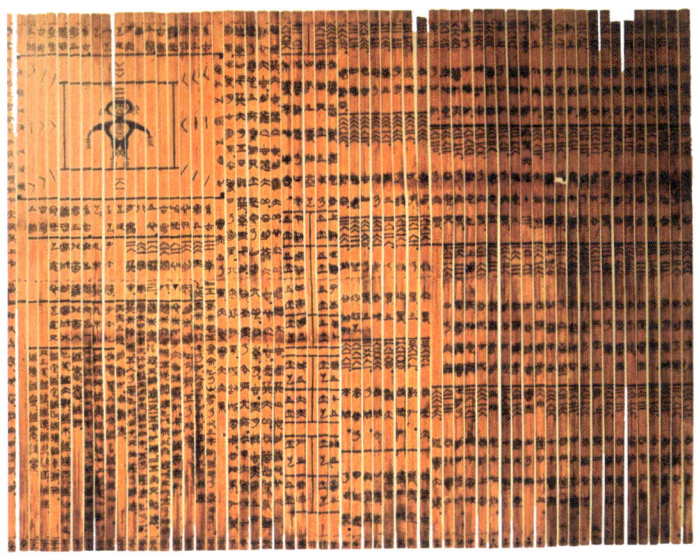

清华大学藏战国竹简《筮法》

洛書

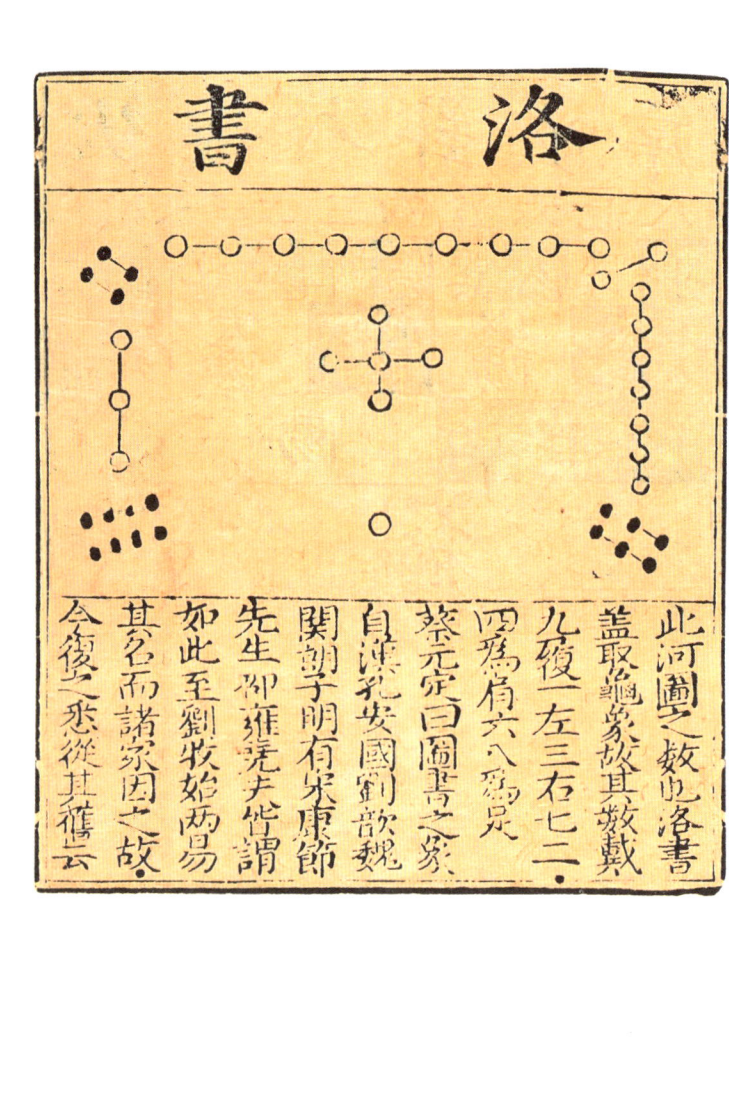

此河圖之數也洛書
蓋取龜象故其數戴
九履一左三右七二
四爲肩六八爲足
縈元定曰圖書之象
自漢孔安國劉歆魏
關朗子明有宋康節
先生卲雍堯夫皆謂
如此至劉牧始兩易
其名而諸家因之故
今復之悉從其舊云

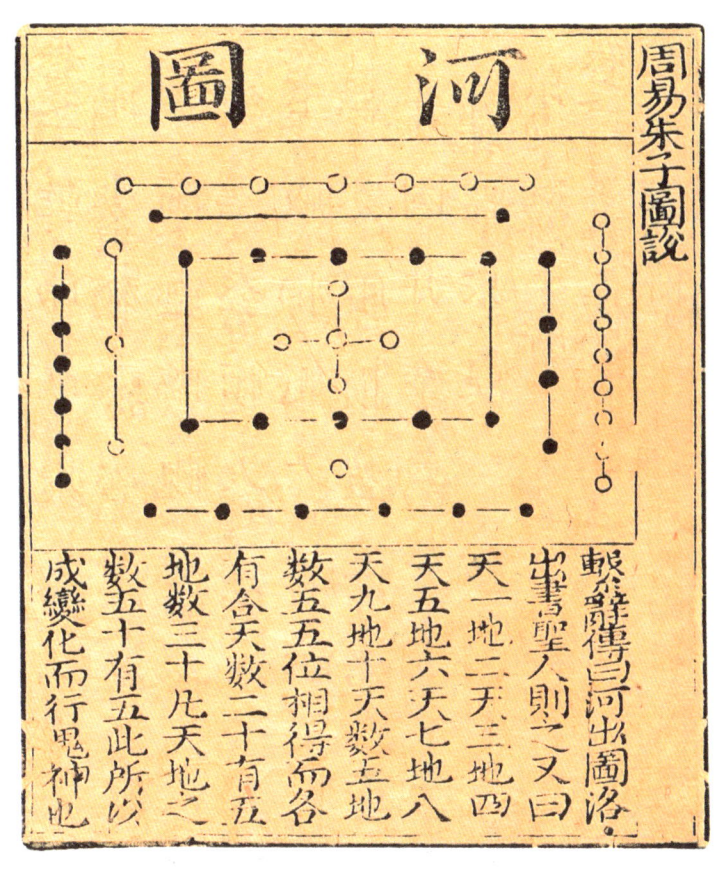

美国哈佛燕京图书馆藏《易经集注》首卷《周易朱子图说》中的河图、洛书

马王堆汉墓帛书《周易·六十四卦》(局部)

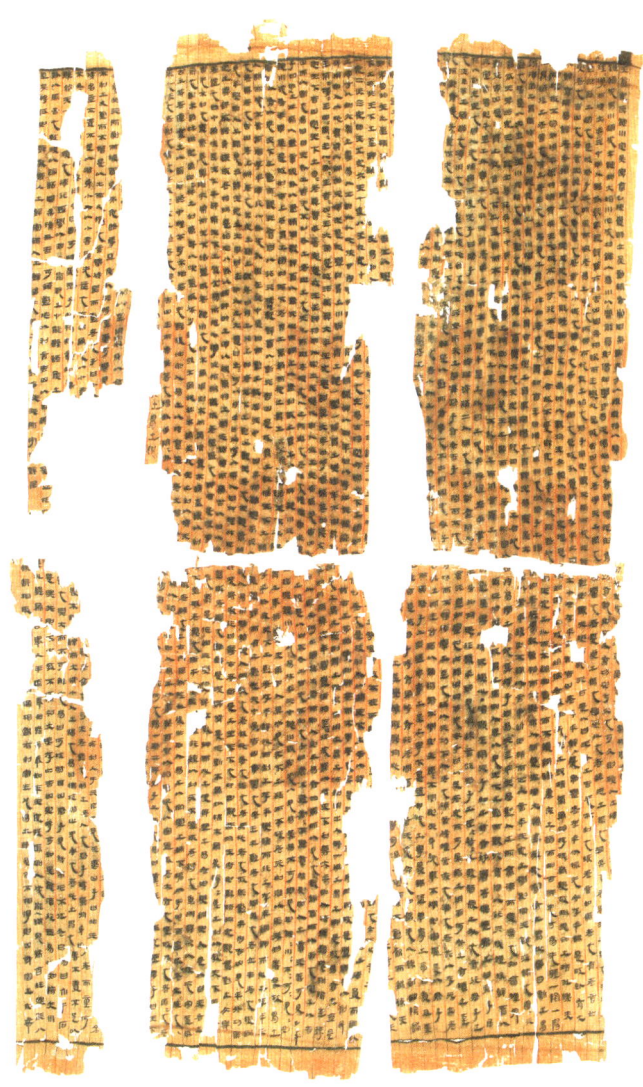

马王堆汉墓帛书《周易·系辞》(局部)

宋代铜八卦镜

明代八卦生肖钱币

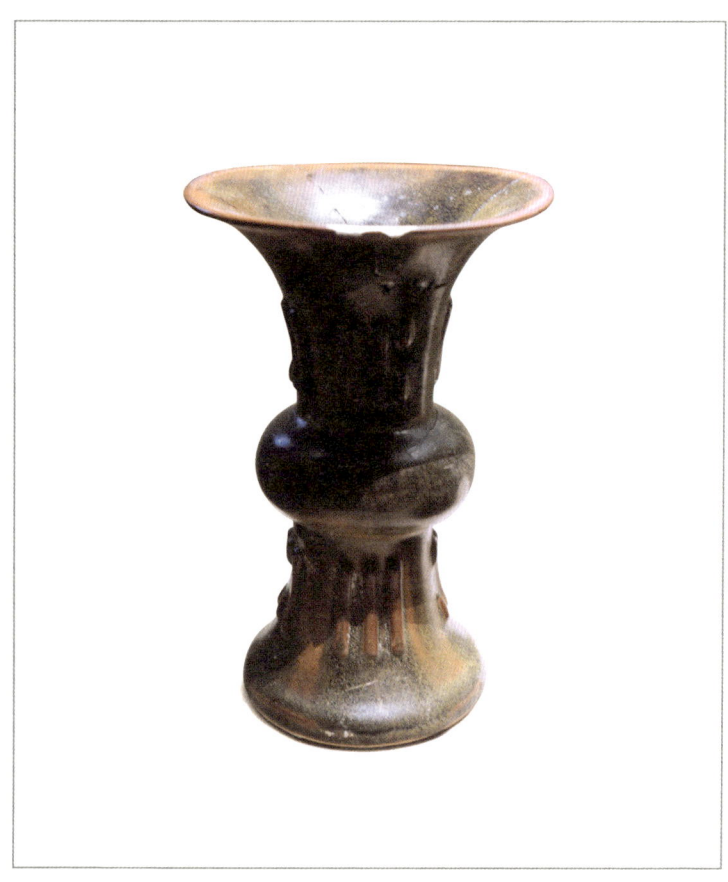

明代黑釉八卦图花觚

清代阴阳鱼铜筶

清代红丝石雕九宫八卦图方砚

清代折叠式日晷指南针

清代松石绿地粉彩八卦纹琮式瓶

第四十七卦

泽水困

困：亨；贞，大人吉，无咎；有言不信。

译文　《困》卦象征困顿：但努力进取会亨通；坚守正道，大人物可以获得吉祥，没有灾祸；因处在穷困之时，所以此时说话很难令人相信。

《象》曰：困，刚掩也。险以说，困而不失其所，"亨"，其唯君子乎！"贞，大人吉"，以刚中也。"有言不信"，尚口乃穷也。

译文　《象传》说：困顿，说明阳刚被阴柔掩蔽。但只要做到在危险之中仍然保持乐观喜悦，虽处困境而不失其道义，自然就会"亨通"，但这大概只有君子才能做到吧！"坚守正道，大人物可获吉祥"，因为阳刚居中。"此时说话很难令人相信",因为崇尚言说无法脱困反而更加穷困。

《象》曰:泽无水,困;君子以致命遂志。

译文 《象传》说:《困》卦为泽中无水之象,象征困顿;君子因此就算身处困境之中,牺牲生命也要实现自己的志向。

初六,臀困于株木,入于幽谷,三岁不觌。

译文 初六,臀部困在株木之上不能自拔,只好退入幽深的山谷里,三年不与外人相见。

《象》曰:"入于幽谷",幽不明也。

译文 《象传》说:"退入幽深的山谷里",说明初六进入荒僻阴暗不见光明的地方避困。

九二,困于酒食,朱绂方来,利用享祀;征凶,无咎。

译文 九二,为醇酒美食所困,但荣禄即将来到,利于用丰美的酒食祭祀神灵；此时进取即使遇到凶险，也不会受到伤害。

《象》曰："困于酒食"，中有庆也。

译文 《象传》说："为醇酒美食所困"，只要内心坚持中正之道，就会有喜庆之事到来。

六三，困于石，据于蒺藜；入于其宫，不见其妻，凶。

译文 六三，困在石头下面不得入，站在刺人的蒺藜之上；回到家中，又不见妻子，有凶险。

《象》曰："据于蒺藜"，乘刚也；"入于其宫，不见其妻"，不祥也。

译文 《象传》说："站在刺人的蒺藜之上"，这是阴柔乘凌阳刚之象。"回到家中，又不见妻子"，这是不祥的现象。

九四,来徐徐,困于金车,吝,有终。

译文 九四,姗姗来迟,原来是被一辆豪华金车所困,会有一点遗憾,但最终会有好的结局。

《象》曰:"来徐徐",志在下也;虽不当位,有与也。

译文 《象传》说:"姗姗来迟",表明九四一心只想着求合于在下位的初六;虽然所处地位不恰当,却能得到志同道合者(指初六)的支持。

九五,劓刖,困于赤绂;乃徐有说,利用祭祀。

译文 九五,用割鼻子和剁脚的酷刑来治理天下,就会困于自身所处的尊贵地位中;但慢慢地又会走出困境,利于通过祭祀神灵来求得前景顺利。

《象》曰:"劓刖",志未得也;"乃徐有说",以中直也;"利用祭祀",受福也。

译文 《象传》说:"用割鼻子和剁脚的酷刑来治理天下",志向就难以实现;"慢慢地又会走出困境",是坚守中正之道的结果;"利于通过祭祀神灵来求得前景顺利",就是说诚心敬神,可以得到神灵赐予的福分。

上六，困于葛藟，于臲卼；曰动悔有悔，征吉。

译文 上六，困在缠绕的葛藤中，处在动摇的山石之间；想着动辄会后悔，那就赶快悔悟，远行会获得吉祥。

《象》曰："困于葛藟"，未当也；"动悔有悔"，吉行也。

译文 《象传》说："困在缠绕的葛藤中"，说明所处位置不恰当。"动辄会后悔，那就赶快悔悟"，说明行动会获得吉祥。

第四十八卦

水风井

井：改邑不改井，无丧无得，往来井井。汔至亦未繘井，羸其瓶，凶。

译文 《井》卦象征水井：城邑改迁而水井不会迁徙，井水不会枯竭也不会溢满，来来往往的人都来打井里的水。汲水时，还未把水提到井口，却把水瓶打翻了，会有凶险。

《彖》曰：巽乎水而上水，井。井养而不穷也。"改邑不改井"，乃以刚中也。"汔至亦未繘井"，未有功也。"羸其瓶"，是以凶也。

译文 《彖传》说：用木进入水中将水引上来，就是井。井水给养于人而不穷尽。"城邑改迁而水井不会迁徒"，就像君子坚守刚直中正的美德。"汲水时，水瓶将升到井口，但还没有出井"，说明没有发挥井的功用。"把水瓶打翻"，所以是凶险的预兆。

《象》曰：木上有水，井；君子以劳民劝相。

译文 《象传》说：《井》卦为木上有水之象，象征井水源源不断地被汲引到地面；君子应当效法这种美德，不辞劳苦地恤养百姓、劝助百姓。

初六，井泥不食，旧井无禽。

译文 初六，井底污泥淤积不能供人饮用，这是一口年久失修的老井，连禽鸟都不来光顾。

《象》曰："井泥不食"，下也；"旧井无禽"，时舍也。

译文 《象传》说："井底污泥淤积不能供人饮用"，说明初六位置处在最下面，相当于井底部位，阴暗低下；"年久失修的老井，连禽鸟都不来光顾"，反映初六被世间万物所舍弃。

九二，井谷射鲋，瓮敝漏。

译文 九二，井底容水的凹穴被当作捉鱼之用，此时汲水的瓮也破损漏水。

《象》曰："井谷射鲋"，无与也。

译文 《象传》说："井底容水的凹穴被当作捉鱼之用"，是因为上面没有人相助，难以把水送到地面上去供人饮用。

九三，井渫不食，为我心恻；可用汲，王明并受其福。

译文 九三，井水淘干净了却还不能被饮用，使我心中悲痛；可以赶快来汲取享用，君王贤明大家都蒙受福泽。

《象》曰："井渫不食"，行恻也；求"王明"，受福也。

译文 《象传》说："井水淘干净了却不能被饮用"，表明九三善行没有被发现令人悲痛；希望遇到"君王贤明"，像汲水一样选拔重用人才，使万民都可以蒙受到由此带来的福泽。

六四,井甃,无咎。

译文 六四,用砖砌井壁,不会有灾祸。

《象》曰:"井甃,无咎",修井也。

译文 《象传》说:"用砖砌井壁,不会有灾祸",表明应当及时修缮使井坚固。

九五,井洌,寒泉食。

译文 九五,井水清澈,洁净凉爽可供饮用。

《象》曰:"寒泉"之食,中正也。

译文 《象传》说:井水洁净凉爽可供饮用,这是因为九五具有阳刚中正的美德。

上六,井收,勿幕;有孚,元吉。

译文 上六,水井功用已达成,不要覆盖上井口;心怀诚信，则大吉大利。

　　《象》曰："元吉"在上，大成也。
　　译文　《象传》说："大吉大利"的情况出现在《井》卦最上面的位置，说明此时井的功用已经大成。

第四十九卦

泽火革

革：己日乃孚，元亨，利贞，悔亡。

译文 《革》卦象征变革：在己日（天干的第六日）推行变革，能够使民众信服，前路至为亨通，利于坚守正道，悔恨终将会消亡。

《彖》曰：革，水火相息；二女同居，其志不相得，曰革。"己日乃孚"，革而信之。文明以说，大亨以正。革而当，其悔乃亡。天地革而四时成，汤武革命，顺乎天而应乎人。革之时大矣哉！

译文 《彖传》说：变革，就像水火相灭；两个女子住在一起，因心志不同而生变，故称革。在急需变革的"己日有诚心地推行变革"，这样的变革才会使人信服。变革时以文明的美德取悦人心，只要守持正固就会大为亨通。变革恰当，后悔之事自然消亡。天地变化而形成四季，商汤、周武王革命时，都是顺天时、合人心的。变革之时的作用真是太大啦！

《象》曰：泽中有火，革；君子以治历明时。

译文　《象传》说：《革》卦为泽中有火之象，象征变革；君子据此变革的规律制定历法以明辨四季的变化。

初九，巩用黄牛之革。

译文　初九，用黄牛的皮革牢固地捆绑住。

《象》曰："巩用黄牛"，不可以有为也。

译文　《象传》说："用黄牛的皮革牢固地捆绑住"，因为初九位置底下，还不能有所作为。

六二，已日乃革之，征吉，无咎。

译文　六二，在己日推行变革，前行必获吉祥，不会有灾祸。

《象》曰:"己日革之",行有嘉也。

译文 《象传》说:"在己日推行变革",说明六二前行必然会有好的功绩。

九三,征凶,贞厉;革言三就,有孚。

译文 九三,急于前行会发生凶险,要守正防危;对于变革要多次研究,多次说明变革的必要,才能赢得人们的信服。

《象》曰:"革言三就",又何之矣!

译文 《象传》说:"对于变革要多次研究,多次说明变革的必要",说明此时不要急于前行。

九四,悔亡,有孚改命,吉。

译文 九四,悔恨已经消亡,得到了人们的信服来革除旧的事物,吉祥。

《象》曰:改命之吉,信志也。

译文 《象传》说:革除旧的事物得到吉祥,因为变革的志向得以实现。

九五，大人虎变，未占有孚。

译文 九五，大人物像猛虎一般推行变革，毫无疑问能得到人们的信服。

《象》曰："大人虎变"，其文炳也。

译文 《象传》说："大人物像猛虎一般推行变革"，说明九五的美德会照亮天下。

上六，君子豹变，小人革面；征凶，居贞吉。

译文 上六，君子像有斑纹的豹子那样推行变革，小人也顺应变革的倾向；急于前行会有凶险，静居守正可以获得吉祥。

《象》曰："君子豹变"，其文蔚也；"小人革面"，顺以从君也。

译文 《象传》说："君子像有斑纹的豹子那样推行变革"，让他的美德光辉灿烂；"小人顺应变革的倾向"，说明小人温顺地服从君子的变革。

第五十卦

火风鼎

鼎：元吉，亨。

译文　《鼎》卦象征革故鼎新：至为吉祥，亨通。

《彖》曰：鼎，象也。以木巽火，亨饪也。圣人亨以享上帝，而大亨以养圣贤。巽而耳目聪明，柔进而上行，得中而应乎刚，是以元亨。

译文　《彖传》说：鼎，是以鼎器烹饪养人之物象。用木生火，烹煮食物。圣人烹饪以祭享上帝，而以大规模的烹饪宴请圣贤。逊顺而耳聪目明，以怀柔之道前进而向上直行，得以居于中位而又下应阳刚的贤者，所以至为亨通。

《象》曰：木上有火，鼎；君子以正位凝命。

译文 《象传》说：《鼎》卦为木上燃着火之象，是烹饪的象征；君子观此卦，应当像鼎那样端正而稳重，严守使命。

初六，鼎颠趾，利出否；得妾以其子，无咎。

译文 初六，把鼎足颠翻，以利于倒出鼎中陈积的污秽之物；就好像娶妾生子提高她的地位一样，不会发生灾祸。

《象》曰："鼎颠趾"，未悖也；"利出否"，以从贵也。

译文 《象传》说："把鼎足颠翻"，并没有违背常理；"顺利地倒出了鼎中陈积的污秽之物"，说明初六顺从居上位的尊贵之人除旧布新。

九二，鼎有实；我仇有疾，不我能即，吉。

译文 九二，鼎中盛满了烹饪的食物；我的配偶有重病，不能就我同食，但最终是吉祥的。

《象》曰:"鼎有实",慎所之也;"我仇有疾",终无尤也。

译文 《象传》说:"鼎中盛满了烹饪的食物",这时一定要谨慎行事;"我的配偶有重病",但最终不会有灾难,不用担忧。

九三,鼎耳革,其行塞,雉膏不食;方雨亏悔,终吉。

译文 九三,鼎耳发生了变化,无法将鼎移动,精美的野鸡羹不能得到,无法食用;只有等到润雨出现才能消释悔恨,最终还是可以获得吉祥的。

《象》曰:"鼎耳革",失其义也。

译文 《象传》说:"鼎耳发生了变化",使鼎无法移动,也就失去了它的作用。

九四,鼎折足,覆公悚,其形渥,凶。

译文 九四,鼎的足折断了,使鼎里装着的王公的粥饭倾倒出来了,鼎身被沾湿,有凶险。

《象》曰:"覆公悚",信如何也!

译文 《象传》说:"鼎里王公的粥饭被倾倒出来",说明九四不胜其任,又能怎样呢!

六五,鼎黄耳金铉,利贞。

译文 六五,鼎上配着黄色的鼎耳,插上坚固的鼎杠,利于坚守正道。

《象》曰:"鼎黄耳",中以为实也。

译文 《象传》说:"鼎上配着黄色的鼎耳",因为六五居中,自然可获得刚益之实。

上九,鼎玉铉,大吉,无不利。

译文 上九,鼎上配着玉制的鼎杠,大为吉祥,不会有什么不利。

《象》曰:玉铉在上,刚柔节也。

译文 《象传》说:玉制的鼎杠在上方,表明上九刚柔相互节制。

第五十一卦

震为雷

☳

震：亨。震来虩虩，笑言哑哑；震惊百里，不丧匕鬯。

译文 《震》卦象征震动的雷声：亨通。雷声袭来让天下万物都感到恐惧，然而君子却能笑容坦然，言行如故；即使雷声震惊百里之遥，主管祭祀的人却手中的匙和酒都未掉落，镇定自如。

《彖》曰：震，亨。"震来虩虩"，恐致福也。"笑言哑哑"，后有则也。"震惊百里"，惊远惧迩也。出，可以守宗庙社稷，以为祭主也。

译文 《彖传》说：震动的雷声，亨通。"雷声袭来让天下万物都感到恐惧"，因恐惧而谨慎招致福祥。"笑容坦然，言行如故"，恐惧后能遵循法度。"雷惊百里"，不论远近都感到震惊畏惧。外出可以守卫宗庙社稷，成为祭祀的主持者。

《象》曰：洊雷，震；君子以恐惧修省。

译文 《象传》说：《震》卦为雷相重叠之象，象征雷声震动；君子观此卦应心存恐惧警惕，修身省过。

初九，震来虩虩，后笑言哑哑，吉。

译文 初九，当惊雷震动的时候，能够感到恐惧而修身省过；惊雷震动后才能谈笑自若，结果是吉祥的。

《象》曰："震来虩虩"，恐致福也；"笑言哑哑"，后有则也。

译文 《象传》说："当惊雷震动的时候能够感到恐惧"，表明初九恐惧之后能够谨慎从事，所以致福；"谈笑自如"，说明惊惧之后更能遵守法则。

六二,震来,厉;亿丧贝,跻于九陵,勿逐,七日得。

译文 六二,惊雷震动,有危难;丢失大量金钱,急忙攀登到高高的九陵上边去,不用去追寻它,七天之内自会失而复得。

《象》曰:"震来,厉",乘刚也。

译文 《象传》说:"惊雷震动,有危难",因为六二阴柔凌驾于阳刚(初九)的上面,所以可能出现危险。

六三,震苏苏,震行无眚。

译文 六三,雷震动时惊恐不安,但是因为惧怕而能谨慎行事,不会有灾祸。

《象》曰:"震苏苏",位不当也。

译文 《象传》说:"雷震动时惊恐不安",说明六三所处的位置不恰当。

九四，震遂泥。

译文 九四，雷震动时受到惊吓坠陷泥污中。

《象》曰："震遂泥"，未光也。

译文 《象传》说："雷震动时受到惊吓坠陷泥污中"，说明九四的志向未能发扬光大。

六五，震往来厉；亿无丧，有事。

译文 六五，雷震动时，不管上下往来，均有危难；坚守中道就会万无一失，可以行祭祀之事。

《象》曰："震往来厉"，危行也；其事在中，大无丧也。

译文 《象传》说："雷震动时，不管上下往来，均有危难"，说明六五应当心存危惧，谨慎行动；行事能够坚守中正之道，就不会有什么大的损失。

上六，震索索，视矍矍，征凶；震不于其躬，于其邻，无咎；婚媾有言。

译文 上六，雷震动时双脚发抖难以前进，两眼惶恐不安，急于前行就会有凶险；当雷震还没有到达自己身上，极于近邻时，就提早戒备，则不致受害；若求婚配，则将会产生言语纷争。

《象》曰："震索索"，中未得也；虽凶无咎，畏邻戒也。

译文 《象传》说："雷震动时双脚发抖难以前进"，说明上六其位不中正；虽然有凶险却不致受害，这是因为看见近邻的危险时感到畏惧，能够及时戒备。

第五十二卦

艮为山

☶

艮：艮其背，不获其身；行其庭，不见其人，无咎。

译文 《艮》卦象征抑止：（目光）止于背部，就看不见身体；就好像在庭院里行走，两两相背，互相不见对方，无咎灾。

《彖》曰：艮，止也。时止则止，时行则行；动静不失其时，其道光明。艮其止，止其所也。上下敌应，不相与也。是以"不获其身；行其庭，不见其人，无咎"也。

译文 《彖传》说：艮，是抑止的意思。应该停止的时候停止，应该行动的时候行动；行动与静止要不失时机，这样道路就能宽广明亮。《艮》卦的大义是止，但也要停止得当。《艮》卦六爻上下皆不相应，不相交往。所以就像"看不见整个身体，虽行于庭院，却看不到人，无咎灾"。

《象》曰：兼山，艮；君子以思不出其位。

译文 《象传》说：《艮》卦为两山重叠之象，象征着抑止；君子观此卦应当有所止，所思所虑不可超越自己所处的地位。

初六，艮其趾，无咎，利永贞。

译文 初六，在脚趾迈出之前停止，这样就不会有灾祸，有利于永远坚守正固。

《象》曰："艮其趾"，未失正也。

译文 《象传》说："在脚趾迈出之前停止"，说明初六没有失去正道。

六二，艮其腓，不拯其随，其心不快。

译文 六二，抑止小腿的行动，不能举步追随应该追随的人,他的心中不快乐。

《象》曰:"不拯其随",未退听也。
译文 《象传》说:"不能举步追随应该追随的人",因为没有退下来听从抑止的意见。

九三,艮其限,列其夤,厉薰心。
译文 九三,抑止腰部的行动,以致脊背的肉断裂,危厉将像烈火一样熏灼他的心。

《象》曰:"艮其限",危薰心也。
译文 《象传》说:"抑止腰部的行动",说明九三的危险像烈火一样熏灼他的心。

六四,艮其身,无咎。
译文 六四,抑止上身的行动,就不会有灾祸。

《象》曰:"艮其身",止诸躬也。
译文 《象传》说:"抑止上身的行动",说明六四能够自我抑止。

六五，艮其辅，言有序，悔亡。

译文 六五，抑止其口不让随便乱说，说话有条理，悔恨会消失。

《象》曰："艮其辅"，以中正也。

译文 《象传》说："抑止其口不让随便乱说"，说明六五居于中位，能守中正之道。

上九，敦艮，吉。

译文 上九，以敦厚笃实的德行抑止邪欲，吉祥。

《象》曰：敦艮之吉，以厚终也。

译文 《象传》说：以敦厚笃实的德行抑止邪欲所以获吉祥，说明上九能够将敦厚的德行保持到最后。

第五十三卦

风山渐

渐:女归吉,利贞。

译文 《渐》卦象征渐进:女子出嫁,按照婚嫁的礼节循序渐进,就会获得吉祥,利于坚守正道。

《彖》曰:渐之进也,女归吉也。进得位,往有功也。进以正,可以正邦也。其位,刚得中也。止而巽,动不穷也。

译文 《彖传》说:渐为渐进之意,犹如少女出嫁吉利。此时渐进可获得其位,前往可建立功业。渐进而又能够遵循正道,可以治理邦国。因为其位阳刚又得中。在静止而又和顺的前提下,渐进就不会陷入穷困。

《象》曰：山上有木，渐；君子以居贤德善俗。

译文 《象传》说：《渐》卦的卦象为山上的树木逐渐长高，象征循序渐进；君子观此卦，应修养贤德，改善社会的风俗。

初六，鸿渐于干。小子厉，有言，无咎。

译文 初六，水鸟逐渐前进到水涯旁边。就像年幼无知的孩子有危难，受到言语中伤，但不会受到伤害。

《象》曰：小子之厉，义无咎也。

译文 《象传》说：年幼无知的孩子有危难，但不会发生什么危险。

六二，鸿渐于磐，饮食衎衎，吉。

译文 六二，水鸟飞起来逐渐前进到安稳的磐石之上，安享饮食和乐欢畅，吉祥。

《象》曰："饮食衎衎"，不素饱也。

译文 《象传》说："安享饮食和乐欢畅"，说明六二落脚在最安稳的场所,不会不劳而食。

九三,鸿渐于陆,夫征不复,妇孕不育,凶;利御寇。

译文 九三,水鸟飞起来逐渐前进到较平的小山,好比丈夫远征而不复还,他的妻子失贞怀孕,难以生育,有凶险;但却利于以刚烈抵御强盗。

《象》曰:"夫征不复",离群丑也;"妇孕不育",失其道也;"利"用"御寇",顺相保也。

译文 《象传》说:"丈夫远征而不复还",说明九三离开自己的同类;"他的妻子失贞怀孕,难以生育",因为违反了妇道;"利于以刚烈抵御强盗",说明守正能够使夫妇和顺相保。

六四,鸿渐于木,或得其桷,无咎。

译文 六四,水鸟飞起来逐渐前进到高树之上,或许能找到较平的枝杈得以栖息,这样就没有咎害。

《象》曰:"或得其桷",顺以巽也。

译文 《象传》说:"或许能找到较平的枝杈得以栖息",说明六四温顺而又谦逊。

九五,鸿渐于陵,妇三岁不孕;终莫之胜,吉。

译文 九五,水鸟飞起来逐渐前进到丘陵上,好比丈夫远出在外,妻子三年没有怀孕;但外物的阻隔终究无法阻挡夫妇的会合,最终得到吉祥。

《象》曰:"终莫之胜,吉",得所愿也。

译文 《象传》说:"外物的阻隔终究无法阻挡夫妇的会合,最终得到吉祥",说明九五实现了夫妇相聚的愿望。

上九,鸿渐于陆,其羽可用为仪,吉。

译文 上九,水鸟飞起来逐渐前进到高山之上,漂亮的羽毛可以作为典礼上的装饰品,吉祥。

《象》曰:"其羽可用为仪,吉",不可乱也。

译文 《象传》说:"它漂亮的羽毛可以作为典礼上的装饰品,吉祥",说明上九高洁的志向不可混乱。

第五十四卦

雷泽归妹

归妹：征凶，无攸利。

译文 《归妹》卦象征嫁出少女：出征会有凶险，不会有什么好处。

《彖》曰：归妹，天地之大义也。天地不交，而万物不兴。归妹，人之终始也。说以动，所归妹也。"征凶"，位不当也。"无攸利"，柔乘刚也。

译文 《彖传》说：嫁出少女，是天地间的大道义。如果天地不交合，那么万物就不会兴盛。嫁出少女，是人伦的终结与开始。由于喜悦而兴动，正好可以嫁出少女。"出征会有凶险"，说明位置不正当。"无所利益"，是因为阴柔乘在阳刚之上。

《象》曰:泽上有雷,归妹;君子以永终知敝。

译文 《象传》说:《归妹》卦为泽上有雷之象,象征嫁出少女;君子观此卦应当永远保持夫妇关系和谐,防止夫妇关系被破坏。

初九,归妹以娣,跛能履,征吉。

译文 初九,嫁出少女作为侧室,好像跛脚但仍然能向前行走,前进可获得吉祥。

《象》曰:"归妹以娣",以恒也;跛能履,吉相承也。

译文 《象传》说:"嫁出少女作为侧室",这是为了婚姻关系能长久;"好像跛脚但仍然能向前行走",说明初九能以偏房的地位辅佐和奉承丈夫,这样是吉祥的。

九二,眇能视,利幽人之贞。

译文 九二,眼睛瞎了一只,仍能看到东西,利于幽居之人坚守正道。

《象》曰:"利幽人之贞",未变常也。

译文 《象传》说:"利于幽居之人坚守正道",说明九二未曾改变严守节操的常规。

六三,归妹以须,反归以娣。

译文 六三,少女出嫁想成为正室需要等待时机,反归待时以侧室身份出嫁。

《象》曰:"归妹以须",未当也。

译文 《象传》说:"少女出嫁想成为正室需要等待时机",此时时机是不恰当的。

九四,归妹愆期,迟归有时。

译文 九四,少女出嫁错过了好的时机,延迟出嫁日期静等时机。

《象》曰:愆期之志,有待而行也。

译文 《象传》说:错过出嫁的时机的想法,是由于要等待更好的时机到来再嫁。

六五，帝乙归妹，其君之袂，不如其娣之袂良；月几望，吉。

译文 六五，帝乙嫁出少女，正室的服饰，反不如侧室的服饰华美；月亮已经接近圆满之时，吉祥。

《象》曰："帝乙归妹"，"不如其娣之袂良"也；其位在中，以贵行也。

译文 《象传》说："帝乙嫁出少女"，"正室的服饰，反不如侧室的服饰华美"；说明六五虽身居尊贵的中位，却能保持勤俭的美德。

上六，女承筐无实，士刲羊无血，无攸利。

译文 上六，女子手捧筐篮里面没有实物，男子用刀宰羊却不见羊血流出，没有什么利益。

《象》曰：上六无实，承虚筐也。

译文 《象传》说：上六空虚无实，就像手捧空空的篮筐。

第五十五卦

雷火丰

丰：亨，王假之；勿忧，宜日中。

译文 《丰》卦象征盛大丰盈：亨通，君王能够使天下盛大丰盈；不必忧愁，宜于像太阳位居中天那样，保持充盈的光辉。

《彖》曰：丰，大也。明以动，故丰。"王假之"，尚大也。"勿忧，宜日中"，宜照天下也。日中则昃，月盈则食；天地盈虚，与时消息，而况于人乎？况于鬼神乎？

译文 《彖传》说：丰，是丰盈硕大的意思。道德光明而后施于行动，所以称为丰。"有德的君王可以使天下盛大丰盈"，说明王者崇尚宏大的美德。"不要忧虑，宜于像正午的太阳那样保持充盈的光辉"，宜于施恩于天下。日过中午则必将西斜,月过十五则亏缺;天地之间的盈满缺损,都随着时节变化消长,更何况人呢?何况鬼神呢?

《象》曰:雷电皆至,丰;君子以折狱致刑。

译文 《象传》说:《丰》卦为雷电同时到来之象,象征着盛大丰盈;君子观此卦审案和用刑应该具有雷电之威。

初九,遇其配主,虽旬无咎,往有尚。

译文 初九,遇见地位相当的伙伴(指九四),虽然两者阳刚之德均等,但不致有害,前往会受到尊敬和重视。

《象》曰:"虽旬无咎",过旬灾也。

译文 《象传》说:"虽然两者阳刚之德均等,但不会有害",但如果初九想超过九四,就可能会有灾祸了。

六二,丰其蔀,日中见斗,往得疑疾;有孚发若,吉。

译文 六二,光明遭到遮蔽,好比明亮的白天却能看见北斗星，前往行事会被猜疑；如果能以自己的诚信去发挥自己的才能，能获得吉祥。

《象》曰："有孚发若"，信以发志也。

译文 《象传》说："能以自己的诚信去发挥自己的才能"，说明六二应当以诚信去发扬其盛大之志。

九三，丰其沛，日中见沫；折其右肱，无咎。

译文 九三，光明像被帷幔遮掩，犹如明亮的白天看见了小星星；好比将右臂折断而难以有所作为，但最终不会有灾祸。

《象》曰："丰其沛"，不可大事也；"折其右肱"，终不可用也。

译文 《象传》说："光明像被帷幔遮掩"，说明此时不可成就大事；"好比将右臂折断"，说明九三的才能最终得不到重用。

九四，丰其蔀，日中见斗；遇其夷主，吉。

译文 九四，光明遭到遮蔽，好比明亮的白天却能看到北斗星；若遇到相匹配的明主，会吉祥的。

《象》曰："丰其蔀"，位不当也；"日中见斗"，幽不明也；"遇其夷主"，吉行也。

译文 《象传》说："光明遭到遮蔽"，是说九四位置不当；"好比明亮的白天却能看到北斗星"，说明由于蒙蔽而出现昏暗；"遇到相匹配的明主"，说明九四前行可获吉祥。

六五，来章，有庆誉，吉。

译文 六五，有美德的贤能之士前来，会有福庆和美誉，吉祥。

《象》曰：六五之吉，有庆也。

译文 《象传》说：六五的吉祥，说明必定会有福庆。

上六，丰其屋，蔀其家，窥其户，阒其无人，三岁不觌，凶。

译文 上六，高大的房屋，蒙蔽居室，对着门户窥视，寂静而没有人出入，三年之久看不见人，可见有凶险。

《象》曰："丰其屋"，天际翔也；"窥其户，阒其无人"，自藏也。

译文 《象传》说："高大的房屋"，说明上六居高在上，好似在天际翱翔；"窥视门户，寂静而没有人出入"，说明上六自己隐藏踪迹。

第五十六卦

火山旅

旅：小亨，旅贞吉。

译文 《旅》卦象征旅行：小有亨通，旅行的过程中，要坚守正道才会吉祥。

《彖》曰：旅，"小亨"，柔得中乎外而顺乎刚，止而丽乎明，是以"小亨，旅贞吉"也。旅之时义大矣哉！

译文 《彖传》说：旅行，"小有亨通"，比如谦柔之人在外居于适中之位顺从阳刚者，安静而依附于光明，所以"小有亨通，旅行中守正可获吉祥"。行旅之时的意义实在太大啦！

《象》曰：山上有火，旅；君子以明慎用刑而不留狱。

译文 《象传》说:《旅》卦为山上有火之象,象征行旅之人匆匆赶路;君子观此卦,应谨慎动用刑罚,不拖延讼事。

初六,旅琐琐,斯其所取灾。

译文 初六,旅行之始举动猥琐卑贱,是自己招来灾祸。

《象》曰:"旅琐琐",志穷灾也。

译文 《象传》说:"旅行之始举动猥琐卑贱",是意志穷迫造成的灾祸。

六二,旅即次,怀其资,得童仆,贞。

译文 六二,旅行到了旅舍,怀中携带钱物,拥有童仆,应当坚守正道。

《象》曰:"得童仆,贞",终无尤也。

译文 《象传》说:"拥有童仆,应当坚守正道",最终不会有过失。

九三,旅焚其次,丧其童仆,贞厉。

译文 九三,旅途中旅舍被烧,又丧失了童仆,要守持正固以防危险。

《象》曰:"旅焚其次",亦以伤矣;以旅与下,其义丧也。

译文 《象传》说:"旅途中旅舍被烧",说明九三已经受到损伤;以旅行者的身份施惠于下,必然是会有所失的。

九四,旅于处,得其资斧,我心不快。

译文 九四,旅于异乡暂为栖身,不得安居之所,虽然得到防身用的利斧,但我的心情仍然不愉快。

《象》曰:"旅于处",未得位也;"得其资斧",心未快也。

译文 《象传》说:"旅于异乡暂为栖身,不得安居之所",说明九四还没有找到长久安身的地方,未居适当之位;"虽然得到防身用的利斧",但仍然旅居他乡,所以此时心中仍无法畅快。

六五，射雉，一矢亡；终以誉命。

译文 六五，射取野鸡，失去一支箭；但最终获得美誉和爵命。

《象》曰："终以誉命"，上逮也。

译文 《象传》说："最终获得美誉和爵命"，是因为六五亲近居于高位的尊者。

上九，鸟焚其巢，旅人先笑，后号咷；丧牛于易，凶。

译文 上九，（旅人的住处被烧）就像鸟巢被火烧掉，行旅之人居高位先高兴欢笑，后因遭祸而号啕大哭；在田畔丢失了牛，有凶险。

《象》曰：以旅在上，其义焚也；丧牛于易，终莫之闻也。

译文 《象传》说：身为旅客却在异乡身居高位，这样必然要导致焚巢之灾；在田畔丢失了牛，最终也打听不到下落。

第五十七卦

巽为风

巽：小亨，利有攸往，利见大人。

译文 《巽》卦象征顺从：小有亨通，利于外出，利于见大人物。

《彖》曰：重巽以申命。刚巽乎中正而志行，柔皆顺乎刚，是以"小亨，利有攸往，利见大人"。

译文 《彖传》说：上下顺从可以发布命令。阳刚的尊者居于中正之位，被人顺从，其志得以施行，阴柔皆顺从阳刚，所以说"小有亨通，利于外出，利于见有权势的大人物"。

《象》曰：随风，巽；君子以申命行事。

译文 《象传》说:《巽》卦为两风相随之象,象征顺从。君子观此象,应当仿效风吹而万物皆顺的样子宣布政令,施行政事。

初六,进退,利武人之贞。

译文 初六,进退犹豫,利于勇武之人坚守正道。

《象》曰:"进退"志疑也;"利武人之贞",志治也。

译文 《象传》说:"进退犹豫",说明初六志向不坚定,犹豫不决;"利于勇武之人坚守正道",说明其志向在于整治。

九二,巽在床下,用史、巫纷若吉,无咎。

译文 九二,顺从谦卑的屈居于床下,如果能像祝史、巫觋那样用崇敬谦恭的态度事神,将获得吉祥,没有什么祸患。

《象》曰:纷若之吉,得中也。

译文 《象传》说:用崇敬谦恭的态度去事神会获得

吉祥,这是因为九二能够居中守正。

九三,频巽,吝。

译文 蹙眉勉力顺从,会有祸患。

《象》曰:频巽之吝,志穷也。

译文 《象传》说:蹙眉勉力顺从,会有祸患,说明九三志向穷短。

六四,悔亡,田获三品。

译文 六四,悔恨消失,田猎时得到三类嘉品。

《象》曰:"田获三品",有功也。

译文 《象传》说:"田猎时得到三类嘉品",是因为六四恪守顺从之道,所以能建功立业。

九五，贞吉，悔亡，无不利；无初有终；先庚三日，后庚三日，吉。

译文 九五，坚守正道可获吉祥，悔恨会消失，没有不利的；开始时也许不会太顺利，但最后一定会有好的结果。在象征变革的庚日的前三天发布政令，在庚日后三天施行这些政令，由此获得吉祥。

《象》曰：九五之吉，位正中也。

译文 《象传》说：九五之所以吉祥，是因为它居中得正，守持中道。

上九，巽在床下，丧其资斧；贞凶。

译文 上九，谦卑恭顺而屈居于床下，就像丧失了刚硬的利斧，丧失了阳刚的本性；守持正固以防凶险。

《象》曰："巽在床下"，上穷也；"丧其资斧"，正乎凶也。

译文 《象传》说："谦卑恭顺而屈居于床下"，说明上九处于穷极之位，无法前进；"丧失了刚硬的利斧"，结果当然是凶险的。

第五十八卦

兑为泽

兑：亨，利贞。

译文 《兑》卦象征喜悦：亨通，利于守正。

《彖》曰：兑，说也。刚中而柔外，说以利贞，是以顺乎天而应乎人。说以先民，民忘其劳；说以犯难，民忘其死。说之大，民劝矣哉！

译文 《彖传》说：兑，是愉悦的意思。内心充满阳刚，外表却柔和谦逊，教化百姓要守持正固，这样才能顺应天道而合乎人心。先让民众感到愉悦，民众就可以忘记劳苦；在愉悦中引导民众趋赴危难，民众便会忘记生死。愉悦之力量的伟大，在于能够使百姓自我勉励啊！

《象》曰:丽泽,兑;君子以朋友讲习。

译文 《象传》说:《兑》卦为泽水相互流通,彼此受益之象,象征喜悦;君子应当效法这一精神,与志同道合的朋友一同讨论、讲习道义。

初九,和兑,吉。

译文 初九,平和喜悦,获得吉祥。

《象》曰:和兑之吉,行未疑也。

译文 《象传》说:平和喜悦,获得吉祥,是因为初九行为诚信端正而不被人猜疑。

九二,孚兑,吉,悔亡。

译文 九二,心存诚信,与人和悦,吉祥,悔恨会消失。

《象》曰:孚兑之吉,信志也。

译文 《象传》说:心存诚信、与人和悦得到吉祥,是因为九二心志诚信。

六三,来兑,凶。

译文 六三,前来寻求欢悦,有凶险。

《象》曰:来兑之凶,位不当也。

译文 《象传》说:前来寻求欢悦,有凶险,是因为六三居位不恰当。

九四,商兑,未宁,介疾有喜。

译文 在商量中融洽喜悦,但事情尚未定下,虽有小的波折,但有喜事。

《象》曰:九四之喜,有庆也。

译文 《象传》说:九四的喜兆,是因为有喜庆。

九五,孚于剥,有厉。

译文 九五,诚心信任小人,必有危险。

《象》曰:"孚于剥",位正当也!

译文 《象传》说:"诚心信任小人",可惜了九五所处的中正之位了。

上六，引兑。

译文 上六，引导他人一同欢悦。

《象》曰：上六"引兑"，未光也。

译文 《象传》说：上六"引导他人一同欢悦"，说明欣悦之道未能发扬光大。

第五十九卦

风水涣

涣：亨，王假有庙，利涉大川，利贞。

译文 《涣》卦象征涣散：亨通，君主去宗庙祭祀以祈求护佑，利于渡过大河，利于坚守中正之道。

《彖》曰："涣，亨"，刚来而不穷，柔得位乎外而上同。"王假有庙"，王乃在中也。"利涉大川"，乘木有功也。

译文 《彖传》说："涣散，亨通"，阳刚前来居于阴柔之中而不穷困，阴柔者得位于外而与上面阳刚者同德。"君主去宗庙祭祀以祈求护佑"，可见君王处于正中位置。"宜于涉越大河"，说明乘木船涉险必能成功。

《象》曰：风行水上，涣；先王以享于帝立庙。

译文 《象传》说：《涣》卦为风行水上之象，象征涣散。先代君王因此祭祀天帝、修建庙宇。

初六，用拯马壮，吉。

译文 初六，借助健壮的好马来拯救涣散的现象，可以获得吉祥。

《象》曰：初六之吉，顺也。

译文 《象传》说：初六的吉祥，是由于它能顺承阳刚。

九二，涣，奔其机，悔亡。

译文 九二，处在涣散之时，要迅速前往安全的地方，悔恨便会消失。

《象》曰："涣，奔其机"，得愿也。

译文 《象传》说："涣散之时，要迅速前往安全的地方"，说明九二实现了自己的愿望。

六三,涣其躬,无悔。

译文 六三,涣散自身,没有什么悔恨。

《象》曰:"涣其躬",志在外也。

译文 《象传》说:"涣散自身",说明六三志向在外。

六四,涣其群,元吉;涣有丘,匪夷所思。

译文 六四,解散朋党,至为吉祥;解散小群而聚成山丘般大的群体,这不是常人所能想到的。

《象》曰:"涣其群,元吉",光大也。

译文 《象传》说:"解散朋党,至为吉祥",表明六四品行光明正大。

九五,涣汗其大号,涣王居,无咎。

译文 九五,像汗水散发一样发布重大的命令,疏散君王的积蓄用来聚拢民心,不会有什么祸患。

《象》曰:"王居,无咎",正位也。

译文 《象传》说:"疏散君王的积蓄用来聚拢民心,不会有什么祸患",是因为九五居于正位。

上九,涣其血去逖出,无咎。

译文 上九,摆脱伤害,远远地避开它,这样就不会有什么祸患。

《象》曰:"涣其血",远害也。

译文 《象传》说:"摆脱伤害",说明上九已经远离了祸害。

第六十卦

水泽节

节:亨;苦节不可,贞。

译文 《节》卦象征节制:亨通;过分的节制不可能长久,应当守持正固。

《彖》曰:"节,亨",刚柔分而刚得中。"苦节不可,贞",其道穷也。说以行险,当位以节,中正以通。天地节而四时成。节以制度,不伤财不害民。

译文 《彖传》说:"节制,亨通",阳刚和阴柔分居上下,阳刚居中。"过分的节制不可以长久,应守持正固",否则会使节制之道穷困。喜悦以赴险,居于适当的位置施以节制,居中守正可以通达。天地有了节制,四季的变化才能形成。君主以制度来节制,就不会损伤财物,不伤害民众。

《象》曰：泽上有水，节；君子以制数度，议德行。

译文 《象传》说：《节》卦为泽上有水之象，象征以堤防来节制；君子观此卦应当制定典章制度，以此来规范人们的德行。

初九，不出户庭，无咎。

译文 初九，因节制而不迈出庭院，没有危害。

《象》曰："不出户庭"，知通塞也。

译文 《象传》说："不迈出庭院"，说明初九知晓道路通畅则行、遇到阻塞则止的道理。

九二，不出门庭，凶。

译文 九二，过分节制而不跨出门庭，有凶险。

《象》曰："不出门庭，凶"，失时极也。

译文 《象传》说："过分节制而不跨出门庭，则有凶险",说明九二失去了恰当的时机。

六三,不节若,则嗟若,无咎。

译文 六三,不能节制,只能嗟叹自悔,无所怨咎。

《象》曰:不节之嗟,又谁咎也?

译文 《象传》说:不能节制而导致嗟叹自悔,又有谁能怪罪呢?

六四,安节,亨。

译文 六四,能安然奉行节制,亨通。

《象》曰:安节之亨,承上道也。

译文 《象传》说:安然奉行节制而至亨通,是因为六四谨遵上意。

九五,甘节,吉,往有尚。

译文 九五,能适当节制从而让人感到甘美,吉祥,前行会受到褒奖。

《象》曰：甘节之吉，位居中也。

译文 《象传》说：能适当节制从而让人感到甘美获得吉祥，是因为九五居位中正。

上六，苦节，贞凶，悔亡。

译文 上六，过分的节制不是长久之道，坚守正道以防凶险，如果能对过分节制悔悟，那么凶险就有可能消失。

《象》曰："苦节，贞凶"，其道穷也。

译文 《象传》说："过分的节制不是长久之道，坚守正道以防凶险"，说明过分节制必然导致节制之道走不下去。

第六十一卦

风泽中孚

中孚：豚鱼吉，利涉大川，利贞。

译文 《中孚》卦象征诚信：诚信到能够感化愚钝无知的小猪、小鱼，因此获得吉祥，利于涉越大河大川，利于守持正固。

《彖》曰：中孚，柔在内而刚得中。说而巽，孚乃化邦也。"豚鱼吉"，信及豚鱼也。"利涉大川"，乘木舟虚也。中孚以利贞，乃应乎天地也。

译文 《彖传》说：心中诚信，柔顺在内使人感到至诚，而阳刚居中又使人感到忠实有信。喜悦而和顺，其诚信能感化邦国。"诚信到能够感化小猪和小鱼，获得吉祥"，是说诚信已经施及猪、鱼这样的动物。"利于涉越大河大川",说明此时能像乘驾木舟那样畅行无阻。诚信而能守持正固,就是顺应天地的规律。

《象》曰:泽上有风,《中孚》;君子以议狱缓死。

译文 《象传》说:《中孚》卦为泽上有风,风吹动着泽水之象,象征诚信;君子观此卦,有感于广施信德,慎重地议论刑狱,延缓死刑。

初九,虞吉,有它不燕。

译文 初九,能安守诚信则获得吉祥,如果另有他求的话就不会得到安宁。

《象》曰:初九虞吉,志未变也。

译文 《象传》说:初九能安守诚信则获得吉祥,是因为没有他求的志向未曾改变。

九二,鸣鹤在阴,其子和之;我有好爵,吾与尔靡之。

译文 鹤在山的北面鸣叫,它的那些同类们也声声应和；我有醇香的美酒，愿与你共同畅饮。

《象》曰："其子和之"，中心愿也。

译文 《象传》说："鹤的那些同类声声应和"，说明九二表露出了内心真诚的意愿。

六三，得敌，或鼓或罢，或泣或歌。

译文 六三，面临强劲的敌人，或者敲起战鼓进攻，或者疲乏败退，或因为惧怕敌人而哭泣，或由于敌人退去而高兴地歌唱。

《象》曰："或鼓或罢"，位不当也。

译文 《象传》说："或者敲起战鼓进攻，或者疲乏败退"，说明六三的位置不正当。

六四，月几望，马匹亡，无咎。

译文 六四，月亮即将圆满，好马失去匹配，不会有什么祸害。

《象》曰:"马匹亡",绝类上也。

译文 《象传》说:"好马失去匹配",说明六四诚信专一,断绝与同类的交往,而专心事奉九五。

九五,有孚挛如,无咎。

译文 九五,用诚信牵系天下人心,没有什么祸患。

《象》曰:"有孚挛如",位正当也。

译文 《象传》说:"用诚信牵系天下人心",说明九五居位中正适当。

上九,翰音登于天,贞凶。

译文 上九,飞鸟的鸣叫声响彻天空,守持正固以预防凶险。

《象》曰:"翰音登于天",何可长也!

译文 《象传》说:"飞鸟的鸣叫声响彻天空",这种声音怎么可能长久保持呢?

第六十二卦

雷山小过

小过：亨，利贞；可小事，不可大事。飞鸟遗之音，不宜上，宜下，大吉。

译文　《小过》卦象征略为过分：亨通，宜于守正；可以做小事，不可以做大事。飞鸟过后遗音犹在，说明过之不远，不宜上，而宜于下，这样才会大吉。

《彖》曰：小过，小者过而"亨"也。过以"利贞"，与时行也。柔得中，是以"小事吉"也；刚失位而不中，是以"不可大事"也。有"飞鸟"之象焉。"飞鸟遗之音，不宜上，宜下，大吉"，上逆而下顺也。

译文　《象传》说：小过，说明在寻常小事偶有小过而能"亨通"。过而能"宜于守正"，说明应当配合时宜而行动。由于阴柔者居中,所以"小事吉利";由于阳刚失位而不居于中,所以"不可做大事"。《小过》卦为"飞鸟"之象。"飞鸟过后遗音犹在,说明过之不远,不宜上而宜于下,这样才会大吉",说明往上行大志则逆而向下施小事则顺啊!

《象》曰:山上有雷,《小过》;君子以行过乎恭,丧过乎哀,用过乎俭。

译文 《象传》说:《小过》卦为山上响雷之象,雷声超过了寻常的雷鸣,这是小有过越之象;君子观此卦,所以行为过于恭敬,遇到丧事过于悲哀,日常用度过于节俭。

初六,飞鸟以凶。

译文 初六,飞鸟逆势向上强飞将会出现凶险。

《象》曰:"飞鸟以凶",不可如何也。

译文 《象传》说:"飞鸟逆势向上强飞将会出现凶险",这是初六咎由自取,无可奈何。

六二,过其祖,遇其妣;不及其君,遇其臣,无咎。

译文 六二,超过祖父,遇到祖母;不能擅自超越君主,君臣遇合,没有祸患。

《象》曰:"不及其君",臣不可过也。

译文 《象传》说:"不能擅自超越君主",因为六二作为臣子是不能超越至尊的。

九三,弗过防之,从或戕之,凶。

译文 九三,不愿过分防备,从而将被人所害,有凶险。

《象》曰:"从或戕之",凶如何也!

译文 《象传》说:"将被人所害",说明九三面临的凶险是多么的严重啊!

九四,无咎,弗过遇之;往厉必戒,勿用,永贞。

译文 九四,没有祸患,不过分刚强就能遇到阴柔;

主动前往迎合会有凶险,须心存戒惕,不能去施展才用,要永远守中正之道。

《象》曰:"弗过遇之",位不当也;"往厉必戒",终不可长也。

译文 《象传》说:"不过分刚强就能遇到阴柔",说明九四以刚居柔位,位置不正;"主动前往迎合会有凶险,须心存戒惕",是说如果主动前往迎合阴柔,最终不可能长久无害。

六五,密云不雨,自我西郊;公弋取彼在穴。

译文 六五,乌云密布而不下雨,这些乌云是从城的西边飘过来的;王公们用细绳系在箭上射取那些藏在洞穴中的野兽。

《象》曰:"密云不雨",已上也。

译文 《象传》说:"乌云密布而不下雨",说明阴气超过了阳气,阴阳不合,所以不能化作雨。

上六，弗遇过之；飞鸟离之，凶，是谓灾眚。

译文 上六，不能遇合阳刚却超越了阳刚；上翔的飞鸟遭受射杀之祸，有凶险，这就叫作灾殃祸患。

《象》曰："弗遇过之"，已亢也。

译文 《象传》说："不能遇合阳刚而超越了阳刚"，说明上六的过分已达到极点。

第六十三卦

水火既济

既济：亨小，利贞；初吉终乱。

译文 《既济》卦象征成功：此时连柔小者都获得亨通，利于坚守正道；开始时是吉祥的，但如有不慎，则会导致混乱。

《彖》曰：既济，亨，小者亨也。"利贞"，刚柔正而位当也。"初吉"，柔得中也。终止则乱，其道穷也。

译文 《彖传》说：事已成，前景亨通，而且柔小者也能亨通。"利于守正"，此时阳刚阴柔之位皆正当。"开始时是吉祥的"，因为阴柔者居中不偏。最终停止不前必将危乱，因为其道已穷尽。

《象》曰：水在火上，既济；君子以思患而豫防之。

译文 《象传》说：《既济》卦为水在火上之象，比喻用火煮食物，食物已熟，象征事情已经成功；君子观此卦应该居安思危，在事情成功之后，就要考虑将来可能出现的种种祸患，及时采取预防措施。

初九，曳其轮，濡其尾，无咎。

译文 初九，拉住车的轮子，不使其猛进，沾湿车尾，没有灾祸。

《象》曰："曳其轮"，义无咎也。

译文 《象传》说："拉住车的轮子，不使其猛进"，说明事情成功之后，本来就没有灾祸。

六二，妇丧其茀，勿逐，七日得。

译文 六二，妇人丢失了所乘车辆上的遮帘，不用去寻找，过不了七天就会失而复得。

《象》曰："七日得"，以中道也。

译文 《象传》说:"妇人丢失所乘车辆上的遮帘,过不了七日就会失而复得",说明六二正处于中位,能坚持中正之道。

九三,高宗伐鬼方,三年克之;小人勿用。

译文 九三,殷高宗武丁讨伐鬼方国,经过三年连续战斗才获得胜利;急躁冒进的小人不可任用。

《象》曰:"三年克之",惫也。

译文 《象传》说:"经过三年连续战斗才获得胜利",说明战争持续时间非常久,九三已经筋疲力尽了。

六四,繻有衣袽,终日戒。

译文 六四,渡河的时候,要事先准备破布棉絮,用来堵船上的漏洞并且整天保持戒备,以防止灾祸的发生。

《象》曰:"终日戒",有所疑也。

译文 《象传》说:"整天保持戒备,以防止灾祸的发生",说明六四心中有所疑虑。

九五，东邻杀牛，不如西邻之禴祭，实受其福。

译文 九五，东边邻国杀牛来举行盛大祭礼，不如西边的邻国举行简单而朴素的禴祭，实在地得到了神的赐福。

《象》曰："东邻杀牛"，不如西邻之时也；"实受其福"，吉大来也。

译文 《象传》说："东边的邻国杀牛来举行盛大的祭礼"，不如西边邻国能按时举行祭祀；西邻"切实得到神灵赐福"，预示吉祥福分将不断降临。

上六，濡其首，厉。

译文 上六，渡河时弄湿了头，危险。

《象》曰："濡其首，厉"，何可久也！

译文 《象传》说："渡河时弄湿了头，危险"，福分怎么能长久呢！

第六十四卦

火水未济

未济：亨；小狐汔济，濡其尾，无攸利。

译文 《未济》卦象征事未成：经过努力可获亨通；小狐狸快要渡过河了，却将尾巴浸湿，则没有什么吉利。

《象》曰：未济，亨，柔得中也。"小狐汔济"，未出中也。"濡其尾，无攸利"，不续终也。虽不当位，刚柔应也。

译文 《象传》说：事未成，但经过努力可获亨通，因为柔顺而能守持中道。"小狐狸将要渡过河"，说明还没有脱离坎险之中。"沾湿了尾巴，没有什么吉利"，说明不能将可致成功的努力进行到底。《未济》卦六爻虽然不当位，但六爻刚柔互相照应。

《象》曰：火在水上，未济；君子以慎辨物居方。

译文 《象传》说：《未济》卦为火在水上之象，难以煮物，象征着事情尚未完成；君子观此卦，要谨慎辨别各种事物，努力使事物各自居于恰当的方位。

初六，濡其尾，吝。

译文 初六，小狐狸渡河时将尾巴浸湿了，会有所遗憾。

《象》曰："濡其尾"，亦不知极也。

译文 《象传》说："小狐狸渡河时将尾巴浸湿了"，说明初六自不量力，不知道自己能否到达终点。

九二，曳其轮，贞吉。

译文 九二，向后拖拽车轮使车不能快进，坚守正道可获吉祥。

《象》曰：九二贞吉，中以行正也。

译文 《象传》说：九二坚守正道获得吉祥，是因为它居中行正。

六三，未济，征凶，利涉大川。

译文 六三，事未成，急躁冒进必有凶险，但有利于渡过大河。

《象》曰："未济，征凶"，位不当也。

译文 《象传》说："事未成，急躁冒进必有凶险"，说明六三所处的位置不恰当。

九四，贞吉，悔亡；震用伐鬼方，三年有赏于大国。

译文 九四，坚守正道可获吉祥，悔恨会消失；以雷霆之势征伐鬼方国，经过三年的战斗才获胜，被封为大国的诸侯。

《象》曰："贞吉，悔亡"，志行也。

译文 《象传》说："坚守正道可获吉祥，悔恨会消失"，说明九四正在实现建功立业的志向。

六五,贞吉,无悔;君子之光,有孚,吉。

译文 六五,坚守正道可获吉祥,不会有悔恨;君子具有光辉美德,心怀诚信必获吉祥。

《象》曰:"君子之光",其晖吉也。

译文 《象传》说:"君子具有光辉美德",说明君子之德昌明带来吉祥。

上九,有孚于饮酒,无咎;濡其首,有孚失是。

译文 上九,充分信任他人而安闲地饮酒作乐,没有什么灾祸;过分放纵而被酒淋湿了头,则说明过分信任他人,将会损害正道。

《象》曰:饮酒濡首,亦不知节也。

译文 《象传》说:过分放纵饮酒时被酒淋湿了头,这是不知节制所造成的后果。

易传

文言传

元者,善之长也;亨者,嘉之会也;利者,义之和也;贞者,事之干也。君子体仁足以长人,嘉会足以合礼,利物足以和义,贞固足以干事。君子行此四德者,故曰"乾:元,亨,利,贞"。

译文 元,是一切善事之首;亨,是美好的会合;利,是正义的聚合;贞,是事物的根本。君子实践仁德足以成为首领,嘉美会合足以合乎礼仪,施利于他人足以聚合正义,能固守贞正足以成就事业。君子能行此四德,所以说《乾》卦代表了:创始,亨通,有利,正固"。

初九曰:"潜龙,勿用。"何谓也?子曰:"龙德而隐者也。不易乎世，不成乎名；遁世无闷，不见是而无闷；乐则行之，忧则违之。确乎其不可拔，潜龙也。"

九二曰："见龙在田，利见大人。"何谓也？子曰："龙德而正中者也。庸言之信，庸行之谨。闲邪存其诚，善世而不伐，德博而化。《易》曰'见龙在田，利见大人'，君德也。"

九三曰："君子终日乾乾，夕惕若，厉，无咎。"何谓也？子曰："君子进德修业。忠信，所以进德也；修辞立其诚，所以居业也。知至至之，可与言几也；知终终之，可与存义也。是故居上位而不骄，在下位而不忧，故乾乾，因其时而惕，虽危无咎矣。"

九四曰："或跃在渊，无咎。"何谓也？子曰："上下无常，非为邪也；进退无恒，非离群也。君子进德修业，欲及时也，故无咎。"

九五曰："飞龙在天，利见大人。"何谓也？子曰："同声相应，同气相求；水流湿，火就燥；云从龙，风从虎；圣人作而万物睹。本乎天者亲上，本乎地者亲下，则各从其类也。"

上九曰："亢龙，有悔。"何谓也？子曰："贵而无位，高而无民，贤人在下位而无辅，是以动而有悔也。"

译文 初九爻辞说:"潜伏之龙,暂时不能发挥作用。"这是什么意思?孔子说:"人有才德而隐居。他的志向不为世俗所改变,不急于成就功名,隐退世外而不感到烦闷;他的言行不被世人赞同也不感到烦闷;自己认为快乐的事就去做,自己认为忧患的事则不去做。坚定而不可动摇,这就是潜龙。"

九二爻辞说:"龙出现在田野,利于出现大德之人。"这是什么意思?孔子说:"人有像龙一样的才德而居正得中,很平常的言论亦当诚实,平凡的举动亦当谨慎。防止邪恶而保持诚信,善行很大但不自夸,德性广博而化育人。《周易》说'龙出现田野,利于出现大德之人',这是君主之德。"

九三爻辞说:"君子终日自强不息,到了晚上也没有丝毫的懈怠,即使面临危险无咎灾。"这是什么意思?孔子说:"君子为增进德性而修治功业。为人忠诚信实,所以增进德性;修饰言辞以树立诚信,所以成就功业。知道所要达到的目标而努力争取,可与他讨论细微之事;知道终结而善于终止,可与他存义问道。所以居上位而不骄傲,在下位而不忧愁。所以勤奋进取,因其时而戒惧,虽有危厉而无咎害。"

九四爻辞说:"或腾跃而起,或退居于深渊,均不会有危害。"这是什么意思？孔子说："或上或下，没有一定常规，并非为了邪欲；或进或退，不是恒久不变的，并不是要脱离人群。君子增进品德，修治功业，是想赶上变化的时势，所以没有咎害。"

九五爻辞说："巨龙飞于天上，利于见大德之人。"这是什么意思？孔子说："相同的声音相互应和，相同的气息相聚合；水往湿处流，火往干处燃；云从龙生，风随虎现；圣人的所作所为万民都敬仰观瞻。本源在天的亲附上，地的亲附下，万物各归从自己的类别而发挥作用。"

上九爻辞说："龙飞过高，会后悔。"这是什么意思？孔子说："尊贵的人却没有具体的职位，高高在上脱离民众，贤明之士屈居下位而无法辅佐他，所以只要一行动就会后悔。"

"潜龙勿用"，下也；"见龙在田"，时舍也；"终日乾乾"，行事也；"或跃在渊"，自试也；"飞龙在天"，上治也；"亢龙有悔"，穷之灾也；乾元"用九"，天下治也。

译文 "潜伏之龙，暂时不能发挥作用"，说明地位卑下；"龙出现在田野"，说明形势开始舒展；"终日自强不息"，说明事业开始有所行动；"在渊中或将跃或未跃"，说明自己在尝试;"巨龙飞上天",说明圣人居于上位而治理;"龙飞过高而后悔",是由穷极而造成的灾难;《乾》卦"用九"的爻象说明天下必然大治。

"潜龙勿用",阳气潜藏;"见龙在田",天下文明;"终日乾乾",与时偕行;"或跃在渊",乾道乃革;"飞龙在天",乃位乎天德;"亢龙有悔",与时偕极;乾元"用九",乃见天则。

译文 "潜伏之龙,暂时不能发挥作用",因为阳气潜藏于地下;"龙出现在田野",天下万物大放光明;"终日自强不息",顺应天时的变化而行动;"在渊中或跃或未跃",天道出现变革;"巨龙飞上天",已居于高位有和上天媲美的德行;"龙飞过高而后悔",顺应天时变化而达到终点;《乾》卦"用九"的爻象说明天道法则即将显现。

"乾元"者,始而亨者也;"利贞"者,性情也。乾始能以美利利天下,不言所利,大矣哉!

大哉乾乎!刚健中正,纯粹精也。六爻发挥,旁通情也,时乘六龙,以御天也。云行雨施,天下

周易

平也。

译文 "乾元"的意思是说,天是万物之始并且让万物亨通;"利贞",是说利于万物持守正固,是因为性制于情。天一开始能以生长美善之道利益天下万物,却不言利物之功,真是伟大啊!

伟大的天啊!刚劲强健且居中守正,六爻皆为阳,纯粹不杂。六爻变动发挥,把《乾》卦的卦义全面充分地发挥出来,随时掌握六爻的变化,以掌握天道运行规律。风调雨顺,天下普得其利,和平安泰。

君子以成德为行,日可见之行也。"潜"之为言也,隐而未见,行而未成,是以君子弗用也。

君子学以聚之,问以辩之,宽以居之,仁以行之。《易》曰:"见龙在田,利见大人。"君德也。

九三重刚而不中,上不在天,下不在田,故乾乾因其时而惕,虽危无咎矣。

九四重刚而不中,上不在天,下不在田,中不在人,故"或"之。"或"之者,疑之也。故无咎。

夫"大人"者,与天地合其德,与日月合其明,与四时合其序,与鬼神合其吉凶。先天而天弗违,后天而奉天时。天且弗违，而况于人乎？况于鬼神乎？

"亢"之为言也，知进而不知退，知存而不知亡，知得而不知丧。其唯圣人乎！知进退存亡，而不失其正者，其唯圣人乎！

译文 君子以成就道德为行动准则，让德行彰显，让人们每天都能看到他的善行。初九所说的"潜"，是德之幽隐而未显现，所行之事尚未成功，所以君子暂时不能有所作为。

君子通过学习以积累知识，靠发问来明辨是非，宽宏大量且居于适当的位置，心怀仁义去行事。《周易》说："龙出现在田野，宜于出现大德之人。"此谓君主之德。

九三爻处于重重阳刚之上而不居中位，上不及天位，下不在地位，居危之地所以终日勤奋、随时警惕，这样虽有危难而没有咎害。

九四爻处于重重阳刚之上而不居中位，上不及天位，下不在地位，中不在人道，所以会产生"迷惑"。所谓"迷惑"，就是怀疑，所以没有咎害。

九五爻辞所说的"大德之人"，他的德行与天地相合，他的圣明与日月的光明相同，他的行动符合四时规律，他预知吉凶与鬼神相合。先于天道行动而不违背天道，后于天道行动而遵守上天的时令。既然天都不违背他的意志，何况人呢？更何况鬼神呢？

周易

上九爻辞所说的"亢",是说只知前进而不知及时后退,只知生存而不知终将灭亡,只知获取而不知所得必失。这大概只有圣人才是明智的吧!知进退存亡之理而不背离正道,这大概只有圣人吧!

坤至柔而动也刚,至静而德方。后得主而有常,含万物而化光。坤道其顺乎!承天而时行。

积善之家,必有余庆;积不善之家,必有余殃。臣弑其君,子弑其父,非一朝一夕之故,其所由来者渐矣!由辩之不早辩也。《易》曰:"履霜,坚冰至。"盖言顺也。

"直"其正也,"方"其义也。君子敬以直内,义以方外,敬义立而德不孤。"直、方、大,不习无不利",则不疑其所行也。

阴虽有美,含之以从王事,弗敢成也。地道也,妻道也,臣道也。地道无成而代有终也。

天地变化,草木蕃;天地闭,贤人隐。《易》曰:"括囊,无咎,无誉。"盖言谨也。

君子黄中通理,正位居体,美在其中,而畅于四支,发于事业:美之至也!

阴疑于阳必战。为其嫌于无阳也，故称"龙"焉；犹未离其类也，故称"血"焉。夫玄黄者，天地之杂也：天玄而地黄。

译文 大地极其柔顺但变动起来却显示出它的刚强；大地极其宁静但尽得方正之德。它顺承于天道，但运动却具有规律性。他包容万物，其生化作用是广大的。大地之道多么柔顺呀！顺承天道依四时而运行。

积累善行的人家，必定有福庆遗留；积累恶行的人家，必定有灾殃遗留。大臣杀掉君主，儿子杀死父亲，这并非一朝一夕所造成的，祸患的产生是渐渐积累而成的。由于没有及早察觉，才会造成这样的后果。《周易》说："踏霜之时，预示坚冰即将到来。"说的就是事物发展的顺序。

"直"是说正直，"方"是说行为端正适宜。君子用恭敬来促使内心正直，用处事适宜来端正行为，敬与义一旦确立，那么道德就不孤立了。"正直、端正、正大光明，不学习也没有不利的"，这样无论做什么都不用心存疑虑。

虽有阴柔美德，但跟从大王做事时要含藏起来，不敢成就自己的功名。这就是地道、妻道、臣道。地道无法成就自己的功名，但代替天道完成了养育万物之事。

天地交感化生万物，草木蕃盛；天地闭塞不交，贤人隐退。《周易》说："扎紧口袋，不会有什么过失，也不会有什么名誉。"大概是说谨慎的道理。

君子有中正之德且通达文理,居于正位,美存在于心中,而畅流于四肢,发挥于事业:这可是美的最高境界啦!

阴柔发展强盛,将近于阳,两者必定会发生冲突。因为嫌坤纯阴没有阳,所以《坤》卦的上六爻辞称"龙";然而此爻又未曾脱离自己的同类阴,故爻辞称"血"。所谓的"玄黄",是天地的阴阳交合的颜色,天色为青,地色为黄。

系辞传·上

第一章

天尊地卑，乾坤定矣。卑高以陈，贵贱位矣。动静有常，刚柔断矣。

方以类聚，物以群分，吉凶生矣。

在天成象，在地成形，变化见矣。

是故刚柔相摩，八卦相荡。鼓之以雷霆，润之以风雨；日月运行，一寒一暑。乾道成男，坤道成女。

乾知大始，坤作成物。

乾以易知，坤以简能；易则易知，简则易从；易知则有亲，易从则有功；有亲则可久，有功则可大；

周易

可久则贤人之德，可大则贤人之业。易简，而天下之理得矣；天下之理得，而成位乎其中矣。

译文 天尊贵在上，地卑微在下，乾坤的关系也就确定了。低与高陈列在一起，贵与贱的地位便显现出来了。动静的转化有一定规律，刚柔也就有了判定的依据。

宇内的万物以类相聚，各物种以群相分，由此产生了吉和凶。

在天上形成一定的气象，在地下形成一定的形体，由此出现了变化。

所以，刚柔相互交错，八卦相互推动。以雷霆来鼓动，以风雨来润泽；日月运行，一冷一热。乾的法则是产生男性，坤的法则是产生女性。

乾主宰事物的肇始，坤经管事物的生成。

乾因为平易而为人所知，坤因为简约所以有能力。平易则容易知晓，简约则容易随从；容易知晓则会有人亲附，容易随从则会有所成就；有人亲附则可长久，有所成就则可发展壮大；可以长久是贤人所具备的品德，能发展壮大是贤人的事业。遵从易简之道，便得到了天下之理；得到了天下之理，便可居于天地之间恰当的位置了。

第二章

圣人设卦观象,系辞焉而明吉凶,刚柔相推而生变化。

是故吉凶者,失得之象也;悔吝者,忧虞之象也。变化者,进退之象也;刚柔者,昼夜之象也。六爻之动,三极之道也。

是故君子所居而安者,《易》之序也;所乐而玩者,爻之辞也。是故君子居则观其象而玩其辞;动则观其变而玩其占。是以"自天佑之,吉无不利"。

译文 圣人为观察宇宙间万事万物的现象而设置六十四卦,又撰系文辞揭示吉凶征兆,阳爻阴爻相互推演就产生变化。

所以《易》中所说的吉凶,是失去或得到的象征;悔吝,是表示有忧虑顾虑的象征。变化,是前进或后退的象征;刚柔,即是昼夜的象征。六爻的变动,就喻示天地人的道理。

所以君子平时安居之时,能心安理得,这是因为能效法《易》的顺序和位置;平时所乐于探索玩味的,是卦爻的文辞。所以君子平时安居时就观察《易》的象征,玩味《易》的文辞;行动则观察《易》喻示的变化,而玩味占筮的吉凶。这样就能像《大有》卦"上九"爻辞所说的"得到上天的佑助,是吉祥而没有不利的"。

第三章

象者,言乎象者也;爻者,言乎变者也。吉凶者,言乎其失得也;悔吝者,言乎其小疵也;无咎者,善补过也。

是故列贵贱者存乎位,齐小大者存乎卦,辩吉凶者存乎辞,忧悔吝者存乎介,震无咎者存乎悔。

是故卦有小大,辞有险易;辞也者,各指其所之。

译文 象辞,是解释全卦的道理和象征的;爻辞,是说明每一爻的变化的。吉凶,是说明失去和获得的;悔吝,是说明其小有弊病的;无咎,是要人善于补救过失的意思。

所以,分别贵贱的界限在于爻位,衡量小大的标准在于卦象,辨别吉凶的依据在于卦辞和爻辞,担心将会悔吝就要预防小错;动而没有灾祸的前提在于悔过。

所以,卦有小大的区别,卦爻辞有险易的不同;卦爻辞的功用，在于各自指明本卦本爻的趋向。

第四章

《易》与天地准，故能弥纶天地之道。

仰以观于天文，俯以察于地理，是故知幽明之故；原始反终，故知死生之说；精气为物，游魂为变，是故知鬼神之情状。

与天地相似，故不违；知周乎万物而道济天下，故不过；旁行而不流，乐天知命，故不忧；安土敦乎仁，故能爱。

范围天地之化而不过，曲成万物而不遗，通乎昼夜之道而知，故神无方而《易》无体。

译文 《易》以天地为范本，所以能涵括天地的法则。

仰而观察天文，俯而考察地理，所以知晓明暗的缘故；依据起始推测终了，所以知晓死生的气数；精气聚而为物，游魂散而为变，所以知晓鬼神的情况。

因为它与天地相似，所以不违背天地；因为它的智慧遍及万物，法则益于天下，所以不偏离万物；全面遵行而不偏离,乐其天然知顺其势,所以心无所忧;安于其境,厚施于仁,所以能心怀仁爱。

囊括天地的变化而不偏离,成就万物的表里而无遗漏,明了昼夜的变化而知其奥妙,所以"神"没有固定处所,而《易》不拘于固定主体。

第五章

一阴一阳之谓道,继之者善也,成之者性也。

仁者见之谓之仁,知者见之谓之知,百姓日用而不知,故君子之道鲜矣。

显诸仁,藏诸用,鼓万物而不与圣人同忧。盛德大业至矣哉!

富有之谓大业,日新之谓盛德。

生生之谓易,成象之谓乾,效法之谓坤,极数知来之谓占,通变之谓事,阴阳不测之谓神。

译文 一阴一阳就是道,继承它的只有善行,成就它乃是人的本性。

仁者见了它说它是仁,智者见了它说它是智,百姓每天都在遵循它却并不了解它,所以君子之道很少被人真正地理解。

天地之道显现于外的是仁德,潜藏于内的是功用,催生万物却不像圣人那样耗费心机。盛德大业也算是达到极限了!

富有就是大业,日新就是盛德。

生生不息,变化不已,就是"易";画卦喻示天之象的是"乾";画卦仿效地之法的是"坤";极尽数术的推演,知道将来变化的是"占";通达变化之道的是"事";能运用阴阳之道,至神奇奥妙、变化莫测的,就是"神"。

第六章

夫《易》广矣大矣!

以言乎远则不御,以言乎迩则静而正,以言乎天地之间则备矣。

夫乾,其静也专,其动也直,是以大生焉。

夫坤,其静也翕,其动也辟,是以广生焉。

广大配天地,变通配四时,阴阳之义配日月,易简之善配至德。

译文 《易》的道理真是广大呀!

谈及其远则无可驾驭,谈及其近则安静端正,谈及天地之间,则无处不在。

乾,就其静止而言是专一的,就其运动而言是直入直出的,所以能够孕生出刚健强大。

坤,就其静止而言,是收敛气息的,就其运动而言,是开以生物的,所以能够孕生出柔顺宽广。

宽广强大与天地相匹配,变化通达与四季规律相匹配,阴柔阳刚的意义与日月相匹配,易简的美好与至高的道德相匹配。

第七章

子曰:"《易》其至矣乎!夫《易》,圣人所以崇德而广业也。知崇礼卑,崇效天,卑法地。天地设位,而《易》行乎其中矣。成性存存,道义之门。"

译文 孔子说:"《易》的道理,是最伟大的呀!《易》正是圣人用来崇高道德、扩大事业的呀。智慧要追求达到崇高而后止,礼节则自谦卑入手,追求崇高效法天道,遵守谦卑效法地道。天地的位置定了,《易》之道也就行于天地之间了。若要成就此崇高广大的品德，当不停地蕴存之、存养之，这就是道义所产生的门户了。"

第八章

圣人有以见天下之赜，而拟诸其形容，象其物宜，是故谓之象。圣人有以见天下之动，而观其会通，以行其典礼，系辞焉以断其吉凶，是故谓之爻。

言天下之至赜，而不可恶也；言天下之至动，而不可乱也。拟之而后言，议之而后动，拟议以成其变化。

"鸣鹤在阴，其子和之，我有好爵，吾与尔靡之。"子曰："君子居其室，出其言善，则千里之外应之，况其迩者乎？居其室，出其言不善，则千里之外违之，况其迩乎？言出乎身，加乎民；行发乎迩，见乎远：言行，君子之枢机。枢机之发，荣辱之主也。言行，君子之所以动天地也，可不慎乎？"

"同人，先号咷，而后笑。"子曰："君子之道，或出或处，或默或语。二人同心，其利断金。同心之言,其臭如兰。"

"初六,藉用白茅,无咎。"子曰:"苟错诸地而可矣,藉之用茅,何咎之有?慎之至也。夫茅之为物薄,而用可重也。慎斯术也以往,其无所失矣。"

"劳谦君子,有终,吉。"子曰:"劳而不伐,有功而不德,厚之至也。语以其功下人者也。德言盛,礼言恭。谦也者,致恭以存其位者也。"

"亢龙,有悔。"子曰:"贵而无位,高而无民,贤人在下位而无辅,是以动而有悔也。"

"不出户庭,无咎。"子曰:"乱之所生也,则言语以为阶。君不密则失臣,臣不密则失身,几事不密则害成。是以君子慎密而不出也。"

子曰:"作《易》者其知盗乎?《易》曰:'负且乘,致寇至。'负也者,小人之事也;乘也者,君子之器也。小人而乘君子之器,盗思夺之矣;上慢下暴,盗思伐之矣。慢藏诲盗,冶容诲淫。《易》曰:'负且乘,致寇至。'盗之招也。"

译文 圣人对天下的幽深有所洞察,于是摹拟了它的形貌以象征物的意义,所以称之为象。圣人对天下的运动有所洞察,于是考察它的枢纽,以遵行它的规范,附上文字说明用以判断它的吉凶,所以称之为爻。

《易》说明天下最幽深的道理，那是不可轻浮的呀；说明天下极致的运动，那是不能没有条理的呀。摹拟物象之后再说明道理，议论探讨之后再行动，通过摹拟物象和议论探讨形成揭示变化规律的《易》。

《中孚》卦的九二爻辞说："鹤鸣于阴暗之处鸣叫，它的同类即能和声响应，我有一壶美酒，与你一起畅饮。"孔子解释说："君子住在家里，发出善的言论，则千里之外的人也会闻风响应兴起，何况是接近他的人呢？如发出不善的言论，则千里之外的人也会违背他，何况是接近他的人呢？言语是从本身发出，而能影响于百姓；行为是从近处着手，而显现于远处：言行是君子的关键要枢。关键处发动了，荣辱也就定了。言行正是君子感动天地之由，能不谨慎吗？"

《同人》卦的九五爻说："与人和睦相处艰难，一开始大声痛哭，终致天下和同，故后来快乐而笑。"孔子解释说："君子之道，或出世而服务天下，或隐世而独善其身，或沉默，或言语。如二人同心，其锋利足断坚硬的金属。同心的意思，是说二人精诚团结，心意相合，气味相投，犹如兰蕙的芳香。"

《大过》卦的初六爻说："将白色的茅草衬垫在礼器的下面，不会有灾祸。"孔子解释说："礼器如放置于地上即可，而又承垫之以白茅，又有什么灾祸呢？是谨慎到极点了呀。茅草本来很纤薄不贵重，而可拿来承垫礼器，用处就重大了。人如能以此谨慎之道前行，必能没有过错了。"

《谦》卦的九三爻说："有功劳而又谦虚的君子，能把美德保持到底是吉利的。"孔子解释说："有功劳而不夸耀，有功绩而不自以为德，是敦厚到极点了。这是赞美以其功劳犹谦下于人呀。道德要隆盛，礼节要恭敬，谦虚就是表现恭敬以保存他的地位的。"

《乾》卦的上九爻说："龙飞过高，将有悔恨。"孔子解释说："尊贵的人却没有具体职位，高高在上却脱离民众，贤明之士屈居下位而无法辅佐他，所以只要一行动就会后悔。"

《节》卦的初九爻说："不出门庭，是没有灾咎的。"孔子说："扰乱的发生，是以言语为阶梯。国君行事不慎密则失去臣子，臣子行事不慎密则自身受损失，机密的事情不慎密则造成灾害。所以君子谨慎守密而不泄露机密。"

孔子说："作《易》的人大概知道盗之所起吧？《易》的《解》卦六三爻说：'背负着东西，又坐在车上，势必招致盗寇的来临呀。'背着东西，本是下人之事；乘的车子，本是君子治国平天下乘坐的工具。如今下人而窃乘君子的工具，必无能匡济，大盗必然会想着抢夺它了；君上傲慢，臣下暴敛，大盗必思攻伐其国了。懒于收藏财富，就是教唆盗寇偷盗；女人注重容貌妖艳，必招坏人之淫辱。《易》说：'背负重物却乘坐大车，必致寇盗前来夺取。'是说自己招致寇盗之意。"

第九章

　　大衍之数五十，其用四十有九。分而为二以象两，挂一以象三，揲之以四以象四时，归奇于扐以象闰，五岁再闰，故再扐而后挂。天数五，地数五，五位相得而各有合。天数二十有五，地数三十，凡天地之数五十有五。此所以成变化而行鬼神也。

　　《乾》之策二百一十有六，《坤》之策百四十有四，凡三百有六十，当期之日。二篇之策，万有一千五百二十，当万物之数也。

　　是故四营而成《易》，十有八变而成卦，八卦而小成。引而伸之，触类而长之，天下之能事毕矣。

　　显道神德行，是故可与酬酢，可与佑神矣。子曰："知变化之道者，其知神之所为乎？"

　　译文　大演天地之数以卜筮，有五十根蓍草，但只用四十九根而已（拿出一根备而不用）。任意分为两堆以象征天、地两仪，从右手堆中取一根挂于左手小指无名指间以象征天、地、人三才，左右两堆以四根四根分之，以象征四季的运行，先以右手取左手的蓍草，以四根四根数之，将其余数挂于无名指与中指间，以象征农历的三年一闰，再以左手取右手堆的蓍草四根四根分出，将其余数挂于中指与食指间,以象农历的五年两闰。因此需要重复上述步骤。天地之数各有五个,五个奇数五个偶数各相参合。天数共有二十五(一、三、五、七、九相加),地数共有三十(二、四、六、八、十相加),天地之数合起来共有五十五。这就是易道成就变化,而推算得神妙莫测如鬼神的原因了。

《乾》为阳,策数为九,以四时乘之为三十六,再以六爻乘之为二百一十六。《坤》为阴,策数为六,以四时乘之为二十四,再以六爻乘之为一百四十四。两策相加为三百六十,相当于一年的日数。《易》共有六十四卦,总计一万一千五百二十策,相当于万物的数字。

所以,通过"四营"而构成《易》的卦形,十八变即筮成一卦,而每九变出现八卦之一,这是第一步小的成果。引而伸之,顺其类而推求,即构成六十四卦,三百八十四爻,作成一部《易》,天下的能事皆在此《易》之中了。

《易》可使幽隐博大的道理显明于天下,使仁德得以施行,所以可以应酬于人间之世,可以获得神明的佑助。孔子说:"了解《易》变化道理的人,岂不就能知道神的所作所为了吗!"

第十章

《易》有圣人之道四焉：以言者尚其辞，以动者尚其变，以制器者尚其象，以卜筮者尚其占。

是以君子将有为也，将有行也，问焉而以言，其受命也如响。无有远近幽深，遂知来物。非天下之至精，其孰能与于此？参伍以变，错综其数；通其变，遂成天地之文；极其数，遂定天下之象。非天下之至变，其孰能与于此？

《易》无思也，无为也，寂然不动，感而遂通天下之故。非天下之至神，其孰能与于此？

夫《易》，圣人之所以极深而研几也。唯深也，故能通天下之志；唯几也，故能成天下之务；唯神也，故不疾而速，不行而至。

子曰"《易》有圣人之道四焉"者，此之谓也。

译文 《易》包含着四种圣人之道：用以说教时，注重它的辞；用以行动时，注重它的变化；用以制器时，注重它的卦象；用以占卜时，注重它的占筮方法。

所以君子将有作为，将行动的时候，探问于《易》以筮卦，而《易》也立即响应。无论远近幽深，人们借《易》之占筮知解将来事物的变化。不是知晓天下最精深的道理,谁能如此呢?三番五次地变化研求,阴阳之数参合五位的变化,错综其数字的推演:通晓它的变化,就能阐释天地的文采;而极尽数字的变化,遂能判定天下的物象。非通晓天下最神奇的变化,谁能如此呢?

《易》本身是没有思虑的,是没有作为的,是寂静不动的,人通过感发、兴起而运用之,终能通晓天下万事。如果不是天下最神奇的东西,谁能做到这些呢?

《易》是圣人用来研究深幽奥秘的一门大学问。只有深入研究幽深事理,才能通达天下人的心志;只有细致探究微妙象征,才能成就天下的一切事务;只有贯通神奇地《易》道,才似不见其急而自然快速,似不见其行动而仍能到达。

孔子说"《易》包含着四种圣人的行为标准",就是说的这些。

第十一章

天一地二,天三地四,天五地六,天七地八,天九地十。子曰:"夫《易》何为者也?夫《易》开物成务,冒天下之道,如斯而已者也。"

是故圣人以通天下之志，以定天下之业，以断天下之疑。

是故蓍之德圆而神，卦之德方以知，六爻之义易以贡。圣人以此洗心，退藏于密，吉凶与民同患。神以知来，知以藏往，其孰能与此哉？古之聪明睿知，神武而不杀者夫。

是以明于天之道，而察于民之故，是兴神物以前民用。圣人以此斋戒，以神明其德夫！

是故阖户谓之坤，辟户谓之乾。一阖一辟谓之变，往来不穷谓之通。见乃谓之象，形乃谓之器，制而用之谓之法，利用出入，民咸用之谓之神。

是故《易》有太极，是生两仪，两仪生四象，四象生八卦，八卦定吉凶，吉凶生大业。

是故法象莫大乎天地；变通莫大乎四时；县象著明莫大乎日月；崇高莫大乎富贵。备物致用，立成器以为天下利，莫大乎圣人；探赜索隐，钩深致远，以定天下之吉凶，成天下之亹亹者，莫大乎蓍龟。

是故天生神物，圣人则之；天地变化，圣人效之；天垂象，见吉凶，圣人象之；河出图，洛出书，圣人则之。

《易》有四象，所以示也；系辞焉，所以告也；

周易

定之以吉凶,所以断也。

译文 天数一地数二,天数三地数四,天数五地数六,天数七地数八,天数九地数十。孔子说:"《易》是做什么的呀?《易》即开创万物,成就事务,包括天下一切道理,如此而已。"

所以圣人以《易》贯通天下一切人的心志,以《易》确定天下的事业,并以此决断天下一切的疑难。

所以蓍草的禀性圆通而神妙,卦象的德性方正睿智,六爻的意义在于变,而且告知于我们面前。圣人以此洗涤修炼心志,退藏于隐秘之处,吉凶忧患与百姓共同承担。《易》之神妙足以知道将来之变化,其智慧足以储藏既往的知识经验。谁能做到这样呢?唯有古之聪明深智、神武而不嗜杀的人能做到这样。

所以古代聪明睿智的大人物明了天道的规律,而能观察百姓的所作所为,是以天地兴起蓍草这样的神妙之物为民使用,让民众在未行动之前趋吉避凶。圣人以此斋戒其心,正是为了神妙地彰显他的德业吧!

所以关闭门户叫作"坤",打开门户叫作"乾"。一关一开,相续不断,就叫作"变";一开一关使人们可以自由自在地出入往来,就叫作"通"。显现于外面,有物象可观,就叫作"象";表现于器用,有大小、形状,就叫作"器";仿照变化的样子制作器物供人使用,就叫作

"法"；利用它来进进出出，百姓常常利用它而不知，就叫作"神"。

所以《易》之原始有太极，从太极演变而产生了阴阳，就是两仪；两仪演变而产生太阴、太阳、少阴、少阳，这就是四象；四象演变而产生了乾、坤、坎、离、巽、震、艮、兑，这就是八卦；由八卦变化可以推断吉凶，从而创造伟大的事业。

所以效法自然没有比天地更大的了；变化的通达没有比四时更大的了；悬挂物象，显示光明，没有比日月更大的了；崇高的地位，没有比富而且贵更大的了。备好器物，以供人们使用，使天下人受益，没有比圣人更伟大的了；探求繁杂的物象，索求幽隐的事理，钩求深远的道术，推究远大的前途，以判定天下的吉凶，成就天下勤勉事业的，没有比卜筮所用的蓍草和龟甲更伟大的了。

所以天创造神物，圣人效法它发明卜筮；天地变化，圣人仿效它制定典章律令；天显示气象，显现吉凶，圣人模拟它推断吉凶；黄河有龙马负图，洛水有神龟负书的祥瑞征兆，圣人于是仿效它撰述八卦和九畴。

《易》有太阳、太阴、少阳、少阴四象，这是用来启示人类的；《易》中所附的那些文辞，是用来告知我们道理的；判定吉凶征兆的占语，这是用来断定人事的吉凶祸福，使人学会趋吉避凶的。

第十二章

《易》曰:"自天佑之,吉无不利。"子曰:"佑者,助也。天之所助者,顺也;人之所助者,信也。履信思乎顺,又以尚贤也,是以'自天佑之,吉无不利'也。"

子曰:"书不尽言,言不尽意。"然则圣人之意其不可见乎?

子曰:"圣人立象以尽意,设卦以尽情伪,系辞焉以尽其言,变而通之以尽利,鼓之舞之以尽神。"

乾坤,其《易》之缊邪?乾坤成列,而《易》立乎其中矣;乾坤毁,则无以见《易》;《易》不可见,则乾坤或几乎息矣。

是故形而上者谓之道,形而下者谓之器,化而裁之谓之变,推而行之谓之通,举而错之天下之民谓之事业。

是故夫象,圣人有以见天下之赜,而拟诸形容,象其物宜,是故谓之象。圣人有以见天下之动,而观其会通,以行其典礼,系辞焉以断其吉凶,是故谓之爻。

极天下之赜者,存乎卦;鼓天下之动者,存乎辞；化而裁之，存乎变；推而行之，存乎通；神而明之，存乎其人；默而成之，不言而信，存乎德行。

译文 《易》的《大有》卦上九爻说："得到上天的保佑，吉祥而无往不利。"孔子说："佑是扶助的意思。上天所扶助的是顺行天道的人；人们所扶助的是诚实守信的人。信守诚义且思想处处合顺于大道规律，又能崇尚贤德，因此能'获得上天的佑助，吉祥而无往不利'。"

孔子说："书是不能完全表达作者要讲的话的，言语是不能完全表达人们的心意的。"那么圣人的心意，难道就无法体现了吗？

孔子说："圣人创立卦象以竭尽未能完全表达的心意，使人通过象去悟到他的心意，设置六十四卦以反映宇宙万事万物的真伪，系之以文辞，以尽量展现其所未能表达的言语，又变化会通，施利于万物，鼓励之，激扬之，以尽神奇奥妙的能事。"

乾坤，应当是《易》的精蕴吧？乾坤排列于上下，《易》的道理也就确立于其中了。如果乾坤毁灭，就没有办法展现《易》的道理了；而《易》的道理不可见，则天地之道也几乎要止息了。

所以说，形体之上的精神称为道，形体之下的实物称为器，阴阳交感变化相互裁节称为变，推演规律并遵循规律行动称为通，将这些道理实施于天下民众、安置百姓的称为事业。

所以,《易》中的象,乃是圣人对天下的幽深道理有所洞察,于是摹拟了它的形貌,象征物的意义,所以称之为象。圣人对天下的运动有所洞察,于是观察它的枢纽,以遵行它的规范,附上文字说明以判断它的吉凶,所以称之为爻。

极尽天下奥妙,在于卦;鼓舞天下行动,在于辞;阴阳交感变化相互裁节,在于变;推演规律并遵而行之,在于通;神妙而能明晓,在于有智慧的人;默然而能有所成就,不言而能使人相信,在于德行。

系辞传·下

第一章

八卦成列，象在其中矣；因而重之，爻在其中矣；刚柔相推，变在其中矣；系辞焉而命之，动在其中矣。

吉凶悔吝者，生乎动者也；刚柔者，立本者也；变通者，趣时者也。

吉凶者，贞胜者也；天地之道，贞观者也；日月之道，贞明者也；天下之动，贞夫一者也。

夫乾，确然示人易矣；夫坤，隤然示人简矣。

爻也者，效此者也；象也者，像此者也。

爻象动乎内，吉凶见乎外；功业见乎变，圣人之情见乎辞。

天地之大德曰生，圣人之大宝曰位。何以守位？曰仁。何以聚人？曰财。理财正辞，禁民为非曰义。

译文 八卦生成相对排列起来，万物的象征就都包括在其中了；八卦重叠为六十四卦，三百八十四爻的位置就在其中了；阴爻和阳爻相互推移，变化的道理就在其中了；在卦和爻之下写上文辞以指明吉凶，变动的规律也就在其中了。

吉凶悔吝的产生，都是出于人们的行动；阳刚阴柔，是确立一卦的根本；变化会通，是要趋向合宜的时机。

人事的吉凶，在于坚守正道取得胜利；天地的规律，在于以正道显示于人；日月之道，在于以正道焕发光明；天下的变动，都统一归于正道。

乾，天道刚健，将平易显示给人；坤，地道柔顺，将简约显示给人。

卦爻，是效法此种道理而制定的；卦象，是模拟此种形迹特点而成的。

爻和象变动于卦内，吉和凶表现于卦外；功绩事业体现在事物变化中，圣人的思想情感体现在卦爻辞中。

天地最大的德泽是化生万物，圣人最宝贵的是处在合适的地位。用什么来保持地位？要用仁人（即人才）。用什么来聚集人才?要用财富。管理财富,端正言辞,禁止民众为非作歹,就叫作合宜。

第二章

古者包牺氏之王天下也,仰则观象于天,俯则观法于地,观鸟兽之文,与地之宜,近取诸身,远取诸物,于是始作八卦,以通神明之德,以类万物之情。

作结绳而为罔罟,以佃以渔,盖取诸《离》。

包牺氏没,神农氏作,斫木为耜,揉木为耒,耒耨之利,以教天下,盖取诸《益》。

日中为市,致天下之民,聚天下之货,交易而退,各得其所,盖取诸《噬嗑》。

神农氏没,黄帝、尧、舜氏作,通其变,使民不倦;神而化之,使民宜之。《易》穷则变,变则通,通则久,是以"自天佑之,吉无不利"。黄帝、尧、舜垂衣裳而天下治,盖取诸《乾》《坤》。

刳木为舟,剡木为楫,舟楫之利,以济不通,致远以利天下,盖取诸《涣》。

服牛乘马，引重致远，以利天下，盖取诸《随》。

重门击柝，以待暴客，盖取诸《豫》。

断木为杵，掘地为臼，臼杵之利，万民以济，盖取诸《小过》。

弦木为弧，剡木为矢，弧矢之利，以威天下，盖取诸《睽》。

上古穴居而野处，后世圣人易之以宫室，上栋下宇，以待风雨，盖取诸《大壮》。

古之葬者，厚衣之以薪，葬之中野，不封不树，丧期无数。后世圣人易之以棺椁，盖取诸《大过》。

上古结绳而治，后世圣人易之以书契，百官以治，万民以察，盖取诸《夬》。

译文 古时候伏羲氏治理天下，他抬头观察天象，俯身观察地理形状，观察飞禽走兽身上的纹理，以及适宜在地上生长的种种事物，近的取法人的身体，远的取象万物的形状，并根据这些创作了八卦，用来会通天地的德行，分类归纳万物的情状。

伏羲氏还发明了编结绳子的方法，并织成罗网，用来打猎捕鱼，是吸取了《离》卦的象征。

伏羲氏去世之后，神农氏继之而兴。他砍削树木制成耜，弯曲木棍制成耒，这种耕耘工具使用便利，可以教导天下百姓耕作生产。这是吸取了《益》卦的象征。

神农氏又在每天的日中设立集市，招揽天下的百姓，聚集天下的货物，进行交易，然后退去，各得所需。这是吸取了《噬嗑》卦的象征。

神农氏去世之后，黄帝、尧、舜又先后继之而起。他们变通前人的器物、制度，使百姓不感到疲倦；神妙地加以创造，使百姓方便有利。《易》的道理是当事物发展到穷极时，就开始转变，转变之后就会通畅，通畅了就能够长久。所以能"获得上天的保佑，吉祥而没有什么不利"。黄帝、尧、舜改进服制让人们穿着长垂的衣服而天下大治。这是吸取了《乾》卦和《坤》卦的象征。

后来，人们将树干挖空制成舟船，削尖木材制成船桨。舟船桨楫的好处，是可以渡过江河、去往远方，从而便利天下。这是吸取了《涣》卦的象征。

驯服牛马，让它们驾车，拖运重物，去往远方，从而便利天下。这是吸取了《随》卦的象征。

设置多重门禁，夜间敲梆警戒，以防备暴徒。这是吸取了《豫》卦的象征。

斩断木头做成杵，挖开地面作为臼，杵臼的好处，是可以让万民舂米为食。这是吸取了《小过》卦的象征。

用柔韧的弯木制成弓，削尖树枝做成箭，弓箭的好处，是可以威服天下。这是吸取了《睽》卦的象征。

远古的时候，人们居住在洞穴里或野外，后代的圣人建造房屋，改变了人们的居住方式，上有栋梁，下有檐宇，用来遮风挡雨。这是吸取了《大壮》卦的象征。

古时候的丧葬，只用柴草厚厚地包裹遗体，掩埋在荒郊野外，不修坟墓也不植树，服丧日期也没有定数。后代圣人发明了棺椁，改变了人们的丧葬习俗。这是吸取了《大过》卦的象征。

远古的时候，人们用结绳记事的方法处理事务，后代圣人创造了文书契据，改变了人们的记事方法。百官用来处理政务，万民用来考察记事。这是吸取了《夬》卦的象征吧。

第三章

是故《易》者，象也。象也者，像也。
彖者，材也。爻也者，效天下之动者也。
是故吉凶生而悔吝著也。

译文 所以，《易》的内容，就是描述万事万物的形象。《易》的卦象，就是用来模拟宇宙间万事万物的形象的。

彖辞，是说一个卦的才德。每卦六个爻位的演变，都是仿效天下万事万物错综复杂的动态而产生的。

所以，一旦行动，就会产生吉凶，而悔恨、忧虑也随之而来了。

第四章

阳卦多阴，阴卦多阳。其故何也？阳卦奇，阴卦耦。

其德行何也？阳一君而二民，君子之道也；阴二君而一民，小人之道也。

译文 阳卦中阴爻多，阴卦中阳爻多。那是什么缘故呢？因为阳卦以奇为主（即阳卦中阳爻为奇数，比如《震》《坎》《艮》三卦为阳卦，都是一个阳爻），阴卦以偶为主（即阴卦中阳爻为偶数，比如《巽》《离》《兑》三卦为阴卦，都是两个阳爻）。

这两者各自说明什么德行呢？好比一个国家，阳卦是一个君主两个百姓，这是君子之道；阴卦是两个君主，一个百姓，这是小人之道。

第五章

《易》曰:"憧憧往来,朋从尔思。"子曰:"天下何思何虑?天下同归而殊途,一致而百虑,天下何思何虑?日往则月来,月往则日来,日月相推而明生焉。寒往则暑来,暑往则寒来,寒暑相推而岁成焉。往者屈也,来者信也,屈信相感而利生焉。尺蠖之屈,以求信也;龙蛇之蛰,以存身也。精义入神,以致用也;利用安身,以崇德也。过此以往,未之或知也。穷神知化,德之盛也。"

《易》曰:"困于石,据于蒺藜;入于其宫,不见其妻,凶。"子曰:"非所困而困焉,名必辱;非所据而据焉,身必危。既辱且危,死期将至,妻其可得见邪?"

《易》曰:"公用射隼于高墉之上,获之,无不利。"子曰:"隼者禽也,弓矢者器也,射之者人也。君子藏器于身,待时而动,何不利之有?动而不括,是以出而有获。语成器而动者也。"

子曰:"小人不耻不仁,不畏不义,不见利不劝,不威不惩。小惩而大诫,此小人之福也。《易》曰'屦校灭趾,无咎',此之谓也。"

"善不积不足以成名,恶不积不足以灭身。小人以小善为无益而弗为也,以小恶无伤而弗去也,故恶积而不可掩,罪大而不可解。《易》曰:'何校灭耳,凶。'"

子曰:"危者,安其位者也;亡者,保其存者也;乱者,有其治者也。是故君子安而不忘危,存而不忘亡,治而不忘乱。是以身安而国家可保也。《易》曰:'其亡其亡,系于苞桑。'"

子曰:"德薄而位尊,知小而谋大,力少而任重,鲜不及矣!《易》曰:'鼎折足,覆公𬸦,其形渥,凶。'言不胜其任也。"

子曰:"知几其神乎?君子上交不谄,下交不渎,其知几乎!几者,动之微,吉之先见者也。君子见几而作,不俟终日。《易》曰:'介于石,不终日,贞吉。'介如石焉,宁用终日?断可识矣!君子知微知彰,知柔知刚,万夫之望。"

子曰:"颜氏之子,其殆庶几乎?有不善,未尝不知;知之,未尝复行也。《易》曰:'不远复,无祗悔,元吉。'"

"天地絪缊,万物化醇;男女构精,万物化生。《易》曰:'三人行,则损一人;一人行,则得其友。'

言致一也。"

子曰："君子安其身而后动，易其心而后语，定其交而后求。君子修此三者，故全也。危以动，则民不与也；惧以语，则民不应也；无交而求，则民不与也。莫之与，则伤之者至矣。《易》曰：'莫益之，或击之；立心勿恒，凶。'"

译文　《易》的《咸》卦九四爻辞说："频频地与别人交往，友朋终究顺着你的心愿。"孔子解释说："天下的事情何必思索，何必忧虑？天下的事情，途径虽殊异，其归宿是相同的；意见虽千百，其结果却是同一的，所以何必思虑过多呢？正如日往则月来，月往则日来，日月交互推移，方能生出光明；寒往则暑来，暑往则寒来，寒暑交互推移，方能形成年岁。往，就是弯曲蛰伏；来，就是伸展张开。一屈一伸相互召感，就必然产生利益。尺蠖（一种毛虫）弯曲其腰，是为了向前伸展；龙蛇冬天蛰伏，是为了保存身躯。人类精研义理，达到神妙的境界，是为了能够运用；利用易学的道理，使身有所安，是为了使道德更加崇高。超过了这个境界之后，还能不能再提升就不得而知了。穷尽事物神妙变化的道理，就是最崇高的德行了。"

《易》的《困》卦六三爻辞说："困在石头下面不得入，站在刺人的蒺藜之上；回到家中，又不见妻子，有凶险。"孔子解释说："在不应当受困的地方而被困，其名誉必然受到损辱；站在不适宜站立的东西上，其生命必然遭遇危险。既受侮辱，又遇危险，死亡的日期即将来临，哪里还能见到妻子呢？"

《易》的《解》卦上六的爻辞说："王公用箭去射击盘踞在高墙上的恶鸟，一箭射中，没有什么不利的。"孔子解释说："隼，是一种禽鸟；弓矢，是一种器械；发箭射隼的，是人。君子将技能蕴藏在身上，待时而动，还有什么不利的呢？君子一旦有所行动，就会毫无阻碍，一定有收获。这就是先准备好工具，然后再有所行动的道理。"

孔子说："小人不知羞耻，不明仁德，不惧怕正理，不奉行道义，不见到好处就不愿勤奋，不受到威胁就不知道警惕。受到小的惩罚而获得大的警诫，这实在是小人的幸运。《易》的《噬嗑》卦初九爻辞'刑具遮没了脚趾，不至于有祸患'，说的就是这个道理。"

（孔子说）"不积累善行，就不足以成名于天下；不积累罪恶，也不足以自灭其身。小人做事，完全以利害关系为出发点，以为做出小善事，不会得到什么好处，便索性不去做了；以为做些小的坏事，无伤大体，便不改过，因此日积月累，罪恶发展扩大到了不可解救的地步。《易》的《噬嗑》卦上九爻辞上说：'肩负遮灭耳朵的木枷，有凶险。'"

孔子说："凡是遭遇危险的，都是因为一直安逸于自己的地位；凡是灭亡的，都是因为自以为可以长存；凡是

周易

出现祸乱的，都是因为自以为已经治理好了。所以君子必须居安思危，在安定的时候，不要忘记危险；生存下来的时候，不要忘记灭亡的惨痛；大治的时候，不要忘祸乱的惨烈。以如此的谨慎之心，保持本身的安定，才可以使国家保持和平。《易》的《否》卦九五爻辞上说：'提醒自己将要灭亡，将要灭亡，就好像维系在丛生的苞桑一样安然无恙。'"

孔子说："才德浅薄而身居尊位，智慧狭小而图谋大事，力量微弱而担负重任，很少有不招来灾祸的。《易》的《鼎》卦九四爻辞上说：'鼎的足折断了，使鼎里装着的王公的粥饭倾倒出来了，鼎身被沾湿，有凶险。'这是说才力不足以胜任的危险啊！"

孔子说："君子能够察知变化的苗头，可以说是达到神妙境界了吧？君子与在上的人交往不谄媚，与在下的人交往不轻慢，可以说是知晓变化的苗头吧！几，就是事物变动的微小征兆，吉凶将要出现的端倪。君子发现变化的苗头就立即行动，绝不等待一天结束。《易》的《豫》卦六二爻辞上说：'正直的品德像岩石一样坚定不移，不到一天就悟知欢乐也要适可而止的道理，守正则吉祥。'既然像岩石一样坚定不移，何必要用一天结束才领悟道理？这是断然可知的啊！君子晓得事理的微妙，也知道事理的彰显，知道柔弱的一面，也晓得刚强的一面，能通达而应变自如，就是万众所景仰的人物了。"

孔子说:"颜回这位弟子,他的道德大概接近完美了吧?一有过失,没有不自己察觉的;一旦知道了过失,没有再重犯的。这正如《易》的《复》卦初九爻辞所说的:'刚开始行动就复归正道,这样就不会发生灾祸,也不会产生悔恨,会大吉大利。'"

(孔子说)"天地二气缠绵交密,互相交融,使万物化生,精纯坚固;男女形体交接,阴阳相感,遂得以生生不息。《易》的《损》卦六三爻辞上说:'三人同行,各有主张,势必减损一人;一人独行,反而容易得到志同道合的友伴。'是说天下的事理都归于一致的呀。"

孔子说:"君子必先安定其身,然后才可以有所作为;先平心静气,然后才发表言论;先确定交往,然后才有所求。君子修养好这三方面的品德,就可以得到保全。相反,如果冒险行动,别人就不会追随;如果内心疑惧而发表议论,别人就不会响应;如果没有交情就向人求助,别人也不会帮助。无人帮助,伤害他的人就会到来。这正如《易》的《益》卦上九爻辞上说:'没有谁来让他受益,有人来攻击他;自己的用心不能坚持,必然会有凶险。'"

第六章

子曰:"《乾》《坤》,其《易》之门邪?"乾,阳物也;坤,阴物也。阴阳合德而刚柔有体,以体天地之撰,以通神明之德。其称名也,杂而不越,于稽其类,其衰世之意邪?

夫《易》,彰往而察来,而微显阐幽。开而当名辨物,正言断辞则备矣。其称名也小,其取类也大,其旨远,其辞文,其言曲而中,其事肆而隐。因贰以济民行,以明失得之报。

译文 孔子说:"《乾》《坤》两卦,就是《易》的门户吧?"乾为阳,坤为阴。阴阳的德性相结合,而刚柔的组合又有其体制,用来体现天地生物之事,用来与日月神明之德相通。《易》所称道的名物,繁杂却不超出乾坤刚柔的变化范围;稽考卦爻辞所表述的事类,或许反映出作者身处衰世的思想吧?

《易》的功用是彰明过去的事迹而察知未来的变化,显示细微的象征而阐明幽隐的道理。所以,《易》开释卦爻之义,总是名当其实,物辨其类,言中其理,并断之以吉凶之辞,这样天下之理就都具备了。它所称述的事物之名虽然细小,所取类比喻的事情却很广大;它蕴含的意义十分深远;它的辞句富有文采;它的言语曲折婉转,且切中事理；所论之事虽然广泛而明显，但其道理却深刻而幽隐。当人们面临疑惑的时候，它可以指导人们的行动，说明得失的道理。

第七章

《易》之兴也，其于中古乎？作《易》者，其有忧患乎？

是故《履》，德之基也；《谦》，德之柄也；《复》，德之本也；《恒》，德之固也；《损》，德之修也；《益》，德之裕也；《困》，德之辨也；《井》，德之地也；《巽》，德之制也。

《履》，和而至；《谦》，尊而光；《复》，小而辨于物；《恒》，杂而不厌；《损》，先难而后易；《益》，长裕而不设；《困》，穷而通；《井》，居其所而迁；《巽》，称而隐。

《履》，以和行；《谦》，以制礼；《复》，以自知；《恒》，以一德；《损》，以远害；《益》，以兴利；《困》，以寡怨；《井》，以辨义；《巽》，以行权。

周易

译文 《易》的兴起,大概是在中古时代吧?《易》的作者,大概有忧患、艰难吧。

因此,《履》卦是修养道德的基础;《谦》卦是修养道德的要柄;《复》卦是修养道德的根本;《恒》卦是巩固道德的保证;《损》卦是修补道德的方法;《益》卦是扩充道德的途径;《困》卦是检验道德的标准;《井》卦是保持道德的处所;《巽》卦是调节道德的规范。

《履》卦使人和顺而达到崇高;《谦》卦使人被尊敬而更光明;《复》卦使人从微小之处就能辨别事物的善恶;《恒》卦教人在邪正相杂中坚守正道而不倦;《损》卦教人先难而后易;《益》卦教人不断增进道德而不故作姿态;《困》卦教人身处困境而道德通达;《井》卦教人安居其位而广施于人;《巽》卦教人处事得宜而不露声色。

《履》卦用来教人小心行走;《谦》卦用来调整礼节;《复》卦用来反省过失;《恒》卦用来专一守德;《损》卦用来远离祸害;《益》卦用来兴利除弊;《困》卦用来减少幽怨;《井》卦用来明辨义理;《巽》卦用来权衡处断。

第八章

　　《易》之为书也不可远,为道也屡迁。变动不居,周流六虚,上下无常,刚柔相易,不可为典要,唯变所适。

　　其出入以度,外内使知惧。又明于忧患与故,无有师保,如临父母。初率其辞,而揆其方,既有典常。苟非其人,道不虚行。

　　译文 《易》这部书,是任何人都不能远离的,但它所体现的道理却在于屡屡变动。爻象变动不止,循环流转于六位之间,上下往来没有定准,阳刚阴柔相互变易,不可拘泥于不变的纲要,只能不断变化才能适应。

　　爻象出入于外卦和内卦,以此度量卦的吉凶,使人知道戒惧,又能明白忧患与过去的事情。虽然没有师长的监护,却好像面临父母的教诲。行事前先要寻求卦爻辞的意旨,然后揆度它所指示的方向,就可以把握行事的常规。假如没有前人的探究,那么《易》之道也不能凭空而行的。

第九章

《易》之为书也,原始要终以为质也。六爻相杂,唯其时物也。其初难知,其上易知:本末也。初辞拟之,卒成之终。

若夫杂物撰德,辨是与非,则非其中爻不备。噫!亦要存亡吉凶,则居可知矣。知者观其彖辞,则思过半矣。

二与四同功而异位,其善不同:二多誉,四多惧,近也。柔之为道,不利远者;其要无咎,其用柔中也。

三与五同功而异位:三多凶,五多功,贵贱之等也。其柔危,其刚胜邪?

译文 《易》这部书,以考察事物的开始、探求事物的终结作为自己的本质特征。一卦六爻相互错杂,体现特定时宜和物象。初爻的象征难以理解,上爻的象征容易把握,这是因为前者象征本始,后者象征末尾。初爻的爻辞比拟事物的开端,上爻的爻辞喻示事物的结局。

至于模拟错杂物象,叙述事物的性质,辨别它们的是非,要是没有中间四爻就不能完备。是啊!这样要掌握事物存亡吉凶,就算安居家中也灼然可知了。聪明的人只要观览卦辞，对全卦的意思就领悟一大半了。

第二爻和第四爻功能相同而位置不同，它们所表现的善恶也不相同：第二爻爻辞多有美誉，第四爻爻辞多含惕惧，因为第四爻靠近君位。阴柔的道理，不利于疏远；然而第二爻大多数没有什么危险，是由于它柔顺而守中。

第三爻和第五爻功能相同而位置不同：第三爻爻辞多寓示凶险，第五爻爻辞多论功勋，是因为它们的位置贵贱不同。如果阴柔居三五爻位，便有危险；如果阳刚居三五爻位，就能够胜任吧？

第十章

《易》之为书也，广大悉备：有天道焉，有人道焉，有地道焉。兼三才而两之，故六。六者，非它也，三才之道也。

道有变动，故曰爻；爻有等，故曰物；物相杂，故曰文；文不当，故吉凶生焉。

译文　《易》这部书，凡天道、人道、地道，无所不包，道理可谓广大完备。易学用三划象征天、人、地的三个位置，卦爻两两成列，六爻而成一卦，没有别的意思，皆是相当于三才之道而已。

天地人之道在于变动，称之为爻；爻有刚柔、大小、远近、贵贱的等次，所以称为物；物象交相错杂，所以称为文；各卦各爻，阴阳参杂，有时当有时不当，于是吉凶就产生了。

第十一章

《易》之兴也，其当殷之末世，周之盛德邪？当文王与纣之事邪？

是故其辞危。危者使平，易者使倾。其道甚大，百物不废。惧以终始，其要无咎，此之谓《易》之道也。

译文 《易》学的兴起，大概在商代的末期，周文王德业方盛的时期吧？应当是文王为纣王之臣的时代的事情吧？

所以，《易》的文辞皆含有警惕危惧之意。居安思危可以使人平安，得意忘形、骄傲自恃必遭致倾覆败亡。《易》包含的道理是如此广大，所有事物都不能违背。时时戒惧，始终不懈，其主旨在求得无灾祸，这就是《易》的道理。

第十二章

夫乾，天下之至健也，德行恒易以知险；夫坤，天下之至顺也，德行恒简以知阻。

能说诸心，能研诸侯之虑，定天下之吉凶，成天下之亹亹者。

是故变化云为，吉事有祥；象事知器，占事知来。

天地设位，圣人成能，人谋鬼谋，百姓与能。

八卦以象告，爻彖以情言。刚柔杂居，而吉凶可见矣。变动以利言，吉凶以情迁。

是故爱恶相攻而吉凶生，远近相取而悔吝生，情伪相感而利害生。

凡《易》之情，近而不相得则凶，或害之，悔且吝。

将叛者其辞惭，中心疑者其辞枝，吉人之辞寡，躁人之辞多，诬善之人其辞游，失其守者其辞屈。

译文 乾象是天下最刚健的，表现刚健之处是在于恒久而平易，可以知晓天下危险的事情；坤象最为柔顺，其表现柔顺之处，在于恒久而简约，故可以明察天下壅阻的原因。

周易

易学的道理,能使人身心和悦,能专精地研磨所有的思虑,能判定天下吉凶悔吝的事理,能成就天下勤勉不息的事业。

所以,遵循变化规律行事,吉利的事情必有吉祥的征兆;观察万事万物的现象,就能知道怎样制器,占卜吉凶,就能知道未来的结果。

天地间万事万物,皆有它一定的法则和位置,圣人仿效之使万物各遂其生,各得其所,以成就其造化的功能。圣人在做事之前,先谋于贤士,同时又卜筮于鬼神,百姓也能参与。

八卦是以爻象告诉于人的,爻辞和象辞就事物消长的情态阐述阴阳变化的道理。刚柔互相错杂周流于六爻之间,因此吉凶之征兆,便可以见到了。各爻变化运动是否得当用"利"或"不利"来表达;吉凶的判定,是随着情理而定的。

所以,贪爱和憎恶两种不同的情感,互相交攻,于是有吉凶的产生。爻位之间,有远有近,互相感应,而任意远近相取的话,就会有悔恨的事情跟着发生。事有真假虚伪,若以或实情或虚伪相感应,利害的冲突便产生了。

《易》喻示的事物情态,若两相接近的事物,能互相交感,以生利,若近而不相交感,不相协调,就会发生凶险的事情,甚至有外来的伤害,蒙受悔恨和困吝。

将要阴谋叛变的人,说话时神色定有惭愧;心中有疑惑的人，说话多有歧义不清，像树枝一样的杂乱；有福气的人，很少说话；浅薄急躁的人，喜欢多说话；诬陷好人的人，说辞游移不定；疏于职守的人，他的言辞多曲折而不伸。

说卦传

第一章

昔者圣人之作《易》也，幽赞于神明而生蓍，参天两地而倚数。观变于阴阳而立卦，发挥于刚柔而生爻，和顺于道德而理于义，穷理尽性以至于命。

译文 从前圣人创作《易》，穷极幽深，参赞于神明而创造出用蓍草占筮的方法，以天为奇以地为偶，并仿此来建立阴阳奇偶的象征。观察阴阳的变化，而设立卦；并根据阳刚阴柔的道理，而设置爻；和睦顺从于道德并用义理治理天下；穷究事物的道理和本质，以至于通晓自然天命。

第二章

昔者圣人之作《易》也,将以顺性命之理。

是以立天之道曰阴与阳,立地之道曰柔与刚,立人之道曰仁与义。

兼三才而两之,故《易》六画而成卦;分阴分阳,迭用柔刚,故《易》六位而成章。

译文 从前圣人创作《易》时,是用以顺合人性天命的道理的。

所以,立天的道理,分为阴与阳;立地的道理,分为柔和刚;立人的道理,分为仁和义。

六爻都是兼备天、地、人三才的道理,而两两相合的,所以《易》经以六个爻画而成卦。六爻又分为阴位和阳位,柔爻和刚爻,交替运用,各有章法。所以,《易》经六十四个卦,皆有六爻的位置,这样才成章法。

第三章

天地定位,山泽通气,雷风相薄,水火不相射,八卦相错。数往者顺,知来者逆,是故《易》逆数也。

译文 天和地确定了位置,山、泽就交互通气,雷、风就相互搏击,水、火不互相厌弃,《乾》《坤》《震》《巽》《坎》《离》《艮》《兑》这八卦,两两相互交错。要数以往的事理,可以顺着推算;要预知将来的事理,要逆测。所以,《易》要用逆推的方法以测知天下的事理。

第四章

雷以动之,风以散之。雨以润之,日以烜之。艮以止之,兑以说之。乾以君之,坤以藏之。

译文 《震》为雷,雷是用以鼓动振动万物的;《巽》为风,风是用以吹散流通的。《坎》为水为雨,雨是用以润湿万物的;《离》为日,日即太阳,太阳是用以照耀天下的。《艮》为山为止,山是用以阻止天地万象的行动的;《兑》为泽为悦,泽水是用以使万物和悦生长的。《乾》为君为天,天是君临万物、高高在上的;《坤》为地,地是用以储藏万事万物的。

第五章

帝出乎震,齐乎巽,相见乎离,致役乎坤,说言乎兑,战乎乾,劳乎坎,成言乎艮。

万物出乎《震》,《震》东方也。齐乎《巽》,《巽》东南也;齐也者,言万物之絜齐也。《离》也者,明也,万物皆相见,南方之卦也;圣人南面而听天下,向明而治,盖取诸此也。《坤》也者,地也,万物皆致养焉,故曰"致役乎坤"。《兑》,正秋也,万物之所说也,故曰说"言乎《兑》"。"战乎《乾》",《乾》西北之卦也,言阴阳相薄也。《坎》者,水也,正北方之卦也,劳卦也,万物之所归也,故曰"劳乎《坎》"。《艮》东北之卦也,万物之所成终而所成始也,故曰"成言乎《艮》"。

译文 宇宙造化的一切万物,从震动产生的,整齐于巽(风),相见于离(日、火),役养于坤(地),和悦于兑(泽),战惧于乾(天),劳动于坎(水以洗濯,故劳),完成于艮(山,山为万物所归藏之处)。

万物出现于《震》,《震》位于东方。生长整齐于《巽》,《巽》是东南的方位,齐的意思,是说万物的整齐划一。《离》卦象征光明,这是日正当中,万物都能相见,是南方的方位。古圣先王坐北朝南，听治天下，面向光明的太阳而治理天下，大致是取之于这里。《坤》卦的意思就是地，万物都依靠着地而获致养育，所以说"致役于《坤》"（于一天的时光，约下午三时）。《兑》卦是喜悦的意思，象征着正秋八月，是万物所喜的，所以说"说言于《兑》"（于一天的时间，约在黄昏，夕阳无限好，故悦）。所谓"战乎《乾》"，是因为《乾》是西北方位的卦，这时正是将进入完全黑暗的时候，正是阴和阳两气相交合的时候。《坎》即象征着水，是正北方的卦，是劳累的卦，这时正是万物归息的时候，所以说"勤劳于《坎》"。《艮》，是东北的卦位，是万物终结的地方，也是万物开始的地方，所以说"成就是在《艮》卦"。

第六章

神也者，妙万物而为言者也。动万物者莫疾乎雷，桡万物者莫疾乎风，燥万物者莫熯乎火，说万物者莫说乎泽，润万物者莫润乎水，终万物始万物者莫盛乎艮。故水火相逮，雷风不相悖，山泽通气，然后能变化既成万物也。

译文 神的意思，是说能神妙地使万物自然化成。发动万物，没有比雷更迅疾的了；挠动万物，没有比风更快速的了；使万物干燥，没有比火更炽烈的了；让万物欣悦，没有比泽更令人喜悦的了；润湿万物，没有比水更柔润的了；终止万物、始生万物，没有比艮更伟大的了。所以说水和火是相生相克的，雷和风是不相违逆的，山和泽是互相以气相通的，然后天地间才能产生变化而化成万物。

第七章

《乾》，健也；《坤》，顺也；《震》，动也；《巽》，入也；《坎》，陷也；《离》，丽也；《艮》，止也；《兑》，说也。

译文 《乾》是刚健的，《坤》是和顺的，《震》是动的，《巽》是无所不入的，《坎》是险陷的，《离》是依附的，《艮》是停止的，《兑》是喜悦的。

第八章

《乾》为马,《坤》为牛,《震》为龙,《巽》为鸡,《坎》为豕,《离》为雉,《艮》为狗,《兑》为羊。

译文 《乾》刚健,象征马;《坤》和顺,象征牛;《震》为动,象征龙;《巽》为入,象征鸡;《坎》为水,象征猪;《离》为明,象征雉;《艮》为山,象征狗;《兑》为悦,象征羊。

第九章

《乾》为首,《坤》为腹,《震》为足,《巽》为股,《坎》为耳,《离》为目,《艮》为手,《兑》为口。

译文 《乾》为头的象征,《坤》为肚子的象征,《震》(阳在下)为脚的象征,《巽》为股(大腿)的象征,《坎》为耳的象征,《离》为目(眼)的象征,《艮》为手的象征,《兑》为口的象征。

第十章

《乾》,天也,故称乎父;《坤》,地也,故称乎母。《震》一索而得男,故谓之长男;《巽》一索而得女,故谓之长女;《坎》再索而得男,故谓之中男;《离》再索而得女,故谓之中女;《艮》三索而得男,故谓之少男;《兑》三索而得女,故谓之少女。

译文 《乾》是天的象征,于人伦来讲,则是父亲的象征,所以称父;《坤》是地的象征,所以称为母。《震》卦初九为阳,是最初索取《乾》卦的阳而成阳卦的,所以称为长男;《巽》卦是最初索取《坤》卦的阴而成阴卦的,所以称为长女;《坎》卦再次索取《乾》卦而得第二爻的阳爻,成为阳卦,所以称为中男;《离》卦是再次索取《坤》卦第二爻的阴爻而成阴卦的,所以称为中女;《艮》卦是第三次索取《乾》卦的第三爻的阳爻而成阳卦的,所以称为少男;《兑》卦是第三次索取《坤》卦的第三爻阴爻而成阴卦的,所以称为少女。

第十一章

《乾》为天、为圜、为君、为父、为玉、为金、为寒、为冰、为大赤、为良马、为老马、为瘠马、为驳马、为木果。

译文 《乾》卦有天、圆、君、父、玉、金、寒、冰、大红、良马、老马、瘦马、花马、木果等象征。

《坤》为地、为母、为布、为釜、为吝啬、为均、为子母牛、为大舆、为文、为众、为柄。其于地也，为黑。

译文 《坤》卦有地、母、布、釜、吝啬、均衡、怀孕母牛、大车、文采、众人、把手等象征。对于地来说，象征黑色。

《震》为雷、为龙、为玄黄、为敷、为大涂、为长子、为决躁、为苍筤竹、为萑苇。其于马也，为善鸣、为馵（zhù）足、为作足、为的颡。其于稼也，为反生。其究为健，为蕃鲜。

译文 《震》卦有雷、龙、暗黄色、花、大路、长子、急躁、刚萌生的嫩竹、芦苇的象征。于马而言,有善鸣、左脚白色、足力强健、白额的象征。于庄稼,有顶着壳生长的幼芽的象征。终究为健壮、茂盛的象征。

《巽》为木、为风、为长女、为绳直、为工、为白、为长、为高、为进退、为不果、为臭。其于人也,为寡发、为广颡、为多白眼。为近利市三倍,其究为躁卦。

译文 《巽》有木、风、长女、直的绳索、工匠、白色、长、高、进退、不果断、气味等象征。对于人来说,有头发稀疏、宽额头、白眼的象征。经商会有近于三倍的利润,终究为浮躁的卦。

《坎》为水、为沟渎、为隐伏、为矫輮、为弓轮。其于人也,为加忧、为心病、为耳痛、为血卦、为赤。其于马也,为美脊、为亟心、为下首、为薄蹄、为曳。其于舆也,为多眚。为通、为月、为盗。其于木也,为坚多心。

译文 《坎》卦有水、沟渎、隐蔽潜伏、矫直揉曲、弓和车轮等象征。对于人来说,则有添加忧愁、心病、耳痛,是流血的卦,赤红色的。对于马来说,则有美脊、急躁、俯首、薄蹄、拖曳的现象。对于大车来说,乘载者多有灾祸。又有通畅、月亮、盗贼的象征。对于树木来说,则有坚固而多小刺的现象。

《离》为火、为日、为电、为中女、为甲胄、为戈兵。其于人也,为大腹。为干卦。为鳖、为蟹、为蠃、为蚌、为龟。其于木也,为科上槁。

译文 《离》有火、太阳、电、中女、甲胄、戈矛和士兵的象征。于人而言,则腹部大。《离》是干燥之卦。又有甲鱼、螃蟹、螺、蚌、龟等象征。对于树木而言,则是枝干空心的现象。

《艮》为山、为径路、为小石、为门阙、为果蓏、为阍寺、为指、为狗、为鼠、为黔喙之属。其于木也,为坚多节。

译文 《艮》有山、小路、小石头、高门、果实、守门人、手指、狗、鼠、黑嘴的鸟兽等象征。对于树木来说,则有坚硬多节的现象。

《兑》为泽、为少女、为巫、为口舌、为毁折、为附决。其于地也,为刚卤。为妾、为羊。

译文 《兑》卦有沼泽、少女、巫师、口舌、毁坏和折断、依附他人决断的象征。对于土地来说,则为坚硬的盐碱地。又有妾、羊的象征。

序卦传

有天地然后万物生焉。盈天地之间者唯万物,故受之以《屯》;屯者盈也,屯者物之始生也。物生必蒙,故受之以《蒙》;蒙者蒙也,物之稚也。物稚不可不养也,故受之以《需》;需者饮食之道也。饮食必有讼,故受之以《讼》。讼必有众起,故受之以《师》。

译文 有了天地,然后才有万物产生。盈满天地之间的,唯有万物,所以《乾》《坤》卦后,接着为《屯》卦;屯的意思是盈满,是万物始生之意。万物刚生下来,必定都是蒙昧的,故《屯》卦后,接着是《蒙》卦;蒙的意思就是蒙昧,即万物在幼小的时候。万物在幼小时不可以不养育,所以接着是《需》卦;需的意思,就是需要饮食的道理。解决饮食的问题，必定有争讼，故接着是《讼》卦。争讼，必定要依靠众人的力量，引发众力的兴起，所以接着是《师》卦。

师者众也。众必有所比，故受之以《比》；比者比也。比必有所畜也，故受之以《小畜》。物畜然后有礼，故受之以《履》。履而泰，然后安，故受之以《泰》；泰者通也。物不可以终通，故受之以《否》。物不可以终否，故受之以《同人》。与人同者，物必归焉，故受之以《大有》。有大者不可以盈，故受之以《谦》。有大而能谦必豫，故受之以《豫》。豫必有随，故受之以《随》。以喜随人者必有事，故受之以《蛊》；蛊者事也。

译文 师是众多的意思。众多必定有所比附，所以接着是《比》卦。比就是比附的意思。比附以后必定使得人们有存蓄，所以接着是《小畜》卦。物质蓄积以后，要有条理，以存备之，故需要以礼调理，所以接着是《履》卦。履即循礼小心行走，行礼则安泰，所以接着是《泰》卦。泰是通泰的意思。万物皆不可能长久通泰，所以接着是《否》卦。万物不能始终否塞不通，所以接着是《同人》卦。

与人和同的,万物必归服他,所以接着是《大有》卦。有很伟大的事业和成就的人,不可以盈满自负,必须谦虚,所以接着是《谦》卦。有伟大的成就,而又能谦虚的人必定能够愉快,所以接着是《豫》卦。安逸愉快的人,必定会有人随从,所以接着是《随》卦。以喜悦追随他人的人,必定会有事要做,所以接着是《蛊》卦。蛊的意思是整治事务。

有事而后可大,故受之以《临》;临者大也。物大然后可观,故受之以《观》。可观而后有所合,故受之以《噬嗑》。嗑者合也。物不可以苟合而已,故受之以《贲》;贲者饰也。致饰然后亨则尽矣,故受之以《剥》;剥者剥也。物不可以终尽,剥穷上反下,故受之以《复》。复则不妄矣,故受之以《无妄》。

译文 能整治事务然后可以创建大业,所以接着是《临》卦。临是大的意思,事物盛大以后,才可以有观赏的价值,所以接着是《观》卦。可以观看以后然后有所接合,所以接着是《噬嗑》卦。嗑是相合的意思,万物都不可以苟且求合,所以接着是《贲》卦。贲就是修饰的意思,修饰到极点以后,亨通到了尽头,所以接着是《剥》卦。剥就是剥落的意思,万物不可以完全剥落,剥落至极上,则必定返下而生，所以接着是《复》卦。回复正道以后就不会虚妄了，所以接着是《无妄》卦。

有无妄然后可畜，故受之以《大畜》。物畜然后可养，故受之以《颐》；颐者养也。不养则不可动，故受之以《大过》。物不可以终过，故受之以《坎》；坎者陷也。陷必有所丽，故受之以《离》；离者丽也。

译文 有了没有虚妄的精神，然后可以存蓄很多，所以接着是《大畜》卦。万物既已蓄积，然后可以颐养，所以接着是《颐》卦；颐是养的意思。不养育就不能行动，所以接着是《大过》卦。万物不可以始终过度，所以接着是《坎》卦；坎是险的意思。物陷落，必然就要攀附，所以接着是《离》卦；离是丽，亦即附丽、攀附的意思。

有天地然后有万物，有万物然后有男女，有男女然后有夫妇，有夫妇然后有父子，有父子然后有君臣，有君臣然后有上下，有上下然后礼仪有所错。夫妇之道不可以不久也，故受之以《恒》；恒者久也。物不可以久居其所，故受之以《遁》；遁者退也。物不可以终遁，故受之以《大壮》。物不可以终壮，故受之以《晋》；晋者进也。进必有所伤，故受之以《明夷》；夷者伤也。伤于外者必反其家，故受之以《家人》。家道穷必乖，故受之以《睽》；睽者乖也。

译文 有了天地以后，然后就有万物的产生；有了万物，就有雌雄男女的分别；有男女，然后有夫妇；有夫妇然后有父子；有父子以后，就有君臣的名分；有君臣以后，就有上下尊卑的关系；有上下尊卑的关系后，礼仪就可以措置实行于其间。夫妇的道理，不可以不长久，所以接着是《恒》卦；恒就是长久的意思。万物都不能长久地居于其外而不变化，所以接着是《遁》卦；遁是退的意思。万物不可以始终退藏，所以接着是《大壮》卦。万物不可以一直壮大，所以接着是《晋》卦；晋是前进的意思。前进必定有所伤，所以接着是《明夷》卦；夷就是伤的意思。在外受伤的人，必定返回到他家里，所以接着是《家人》卦。家道困穷的话，必定会乖违，所以接着是《睽》卦；睽就是违背的意思。

乖必有难，故受之以《蹇》；蹇者难也。物不可以终难，故受之以《解》；解者缓也。缓必有所失，故受之以《损》。损而不已必益，故受之以《益》。益而不已必决，故受之以《夬》；夬者决也。决必有所遇，故受之以《姤》；姤者遇也。物相遇而后聚，故受之以《萃》；萃者聚也。聚而上者谓之升，故受之以《升》。升而不已必困，故受之以《困》。困乎上者必反下，故受之以《井》。

译文 乖违必定有灾难，故接着是《蹇》卦；蹇就是灾难的意思。万物不可以长久受灾难，所以接着是《解》卦；解就是缓慢的意思。过于缓慢必定有所损失，所以接着是《损》卦。损失而不停止，至不能损失时，必定会有所增益，所以接着是《益》卦。增益而不停止，必定会因满盈流溃而果断被排弃，所以接着是《夬》卦；夬是决断的意思。决断必定有所遭遇，所以接着是《姤》卦；姤是遭遇的意思。万物相遇了以后就聚合起来，所以接着是《萃》卦；萃就是聚合的意思。聚集而上的叫升，所以接着是《升》卦。上升而不停止，必有困窘的一天，所以接着是《困》卦。受困于上的人必定会返回下面来，所以接着是《井》卦。

井道不可不革，故受之以《革》。革物者莫若鼎，故受之以《鼎》。主器者莫若长子，故受之以《震》；

周易

震者动也。物不可以终动,止之,故受之以《艮》;艮者止也。物不可以终止,故受之以《渐》;渐者进也。进必有所归,故受之以《归妹》。得其所归者必大,故受之以《丰》;丰者大也。

译文 井道不可以不革去污垢,所以接着是《革》卦。革除物质的,没有再比鼎更好的了,所以接着是《鼎》卦。主持鼎器的人,没有比长子更恰当的了,所以接着是《震》卦;震是动的意思。万物不可以始终振奋鼓动,须要让它止息,所以接着是《艮》卦;艮是停止的意思。万物不可以总是停止,故接着是《渐》卦;渐是渐进之意。前进必定有所归,所以接着是《归妹》卦。得到它的归宿必定强大,所以接着是《丰》卦;丰是盛大的意思。

穷大者必失其居,故受之以《旅》。旅而无所容,故受之以《巽》;巽者入也。入而后说之,故受之以《兑》;兑者说也。说而后散之,故受之以《涣》;涣者离也。物不可以终离,故受之以《节》。节而信之,故受之以《中孚》。有其信者必行之,故受之以《小过》。有过物者必济,故受之以《既济》。物不可穷也,故受之以《未济》终焉。

译文 穷极盛大的人必定失去他的住所，所以接着是《旅》卦。旅行于外而没有收容他的地方，所以接着是《巽》卦；巽是顺从而能进入的意思。进入了以后就会慢慢喜悦，所以接着是《兑》卦；兑是喜悦的意思。喜悦而后会散去，所以接着是《涣》卦；涣是离散的意思。万物不可以长久离散，所以接着是《节》卦。节俭约制了以后就应当用诚信来守持，所以接着是《中孚》卦；孚是信的意思。有信用的人必然要果决地履行职责，所以接着是《小过》卦。好的行为有所过越必定能成事，所以接着是《既济》卦。万物是不可能穷尽的，所以接着是《未济》卦，为《易》六十四卦终结。

杂卦传

《乾》刚《坤》柔,《比》乐《师》忧。《临》《观》之义,或与或求。《屯》见而不失其居,《蒙》杂而著。《震》,起也;《艮》,止也。《损》《益》盛衰之始也。《大畜》,时也。《无妄》,灾也。《萃》聚而《升》不来也。《谦》轻而《豫》怠也。《噬嗑》食也。《贲》无色也。《兑》见而《巽》伏也。《随》无故也。《蛊》则饬也。《剥》,烂也。《复》,反也。《晋》,昼也。《明夷》,诛也。《井》通而《困》相遇也。

译文 《乾》卦是刚健的;《坤》卦是柔顺的。《比》卦与人比附,是快乐的;《师》卦出师动众,是可忧的。《临》卦《观》卦的意义,或给予或追求。《屯》卦虽是初现艰难，但不会失去它的居处；《蒙》卦明暗交杂而童真显著。《震》卦是震动而起的意思；《艮》卦是停止的意思。《损》卦《益》卦，是盛衰的开始。《大畜》卦是时时存蓄。《无妄》卦是有无妄之灾。《萃》卦是聚集，而《升》卦是下不来的意思。《谦》卦轻己尊人，《豫》卦纵乐而懈怠。《噬嗑》象征嚼食物，《贲》卦美饰不需要色彩。《兑》卦喜悦可以看见，《巽》卦进入而下伏。《随》卦是无故追随；《蛊》卦是用心治乱之意。《剥》卦是剥烂的意思。《复》卦是返回的意思。《晋》卦日出地上，是白天的意思。《明夷》卦是光明完全被掩盖。《井》卦是滋养畅达的意思，《困》卦是遭遇艰难的意思。

《咸》，速也；《恒》，久也。《涣》，离也；《节》，止也。《解》，缓也；《蹇》，难也。《睽》，外也；《家人》，内也。《否》《泰》，反其类也。《大壮》则止，《遯》则退也。《大有》，众也；《同人》，亲也。《革》，去故也；《鼎》，取新也。《小过》，过也；《中孚》，信也。《丰》，多故也；亲寡，《旅》也。《离》上，而《坎》下也。《小畜》，寡也；《履》，不处也。《需》，不进也；《讼》，不亲也。《大过》，颠也；《姤》，遇也，柔遇刚也。《渐》，女归待男行也。《颐》，养正也。《既济》，定也。《归妹》，女之终也；《未济》，男之穷也。《夬》，决也，刚决柔也，君子道长，小人道忧也。

译文 《咸》卦是迅速的意思；《恒》卦是持久的意思。《涣》卦是离散的意思；《节》卦是停止奢侈而俭约的意思。《解》卦是灾难慢慢解除之意；《蹇》卦是灾难的意思。《睽》卦是乖违于外之意；《家人》卦是团聚于内之意。《否》卦否隔，《泰》卦通泰，其类相反。《大壮》卦由于壮盛而停止，《遁》卦则是退步的意思。《大有》卦，所有众多；《同人》卦，人相亲近。《革》卦，革除故旧之事物；《鼎》卦，不停地取新。《小过》卦是有所超过；《中孚》卦是诚信相感。《丰》卦，丰盛至极，故多事故；亲朋寡少，是《旅》卦，客旅在外之故。《离》卦，火往上烧；《坎》卦，水往下流。《小畜》卦是蓄积少；《履》卦前行不停于半道。《需》卦是需待而不前进；《讼》卦是争讼而不亲近。《大过》是大有超过，故至于颠倒；《姤》卦是遭遇之意，柔遇刚之意。《渐》卦，女归吉，女子出嫁而需待男子备礼成行之意。《颐》卦是养之以正的意思。《既济》卦是既已成功而安定的意思。《归妹》卦是说明女子终得归宿；《未济》卦是事未做成，为男人困穷的时候。《夬》卦是决断的意思，就是说阳刚除灭阴柔，象征着君子之道增长，小人之道消亡。

「若水古社」
高高国际国学品牌